Isabell Harstick und Katharina Wilke

Dialogische Prozesse in der Sozialen Arbeit
Zwei praxisorientierte Ausrichtungen

DIALOGISCHES LERNEN

Herausgegeben von Cornelia Muth
ISSN 1614-4643

8 *Thomas Schwenk*
Sport und Bewegungserziehung in der Suchtarbeit
Sozialpädagogische und dialogisch-philosophische Aspekte in der Suchtprävention und Behandlung von Kindern und Jugendlichen
ISBN 978-3-89821-785-9

9 *Cornelia Muth*
Hilfe, ich bin mobil und heimatlos!
Zur Hauslosigkeit postmoderner Menschen
Mit einem Beitrag von Jan Großewinkelmann und Zeichnungen von Miriam Helfer
ISBN 978-3-89821-880-1

10 *Tanja Dräger*
Gender Mainstreaming im Kindergarten
ISBN 978-3-89821-869-6

11 *Dörthe Sontag*
Die modernen Kommunikationsmittel und das Dialogische Prinzip
Bedrohung und Chance für unser Menschsein?
Eine dialogphilosophische Reflexion unserer zwischenmenschlichen Beziehungen im Zeitalter der Mediatisierung
ISBN 978-3-89821-893-1

12 *Isabel Diener*
Lehren und Lernen in offenen Arbeitsformen
Eine Diskussion über die Verwendung von offenen Arbeitsformen im Unterricht am Beispiel einer Pädagogik der Menschenrechte
ISBN 978-3-89821-976-1

13 *Cornelia Muth (Hrsg.)*
„dann kann man das ja auch mal so lösen!"
Auswertungsinterviews mit Kindern und Jugendlichen nach Trainings zur Gewaltfreien Kommunikation
ISBN 978-3-8382-0120-7

14 *Cornelia Muth*
Der Mensch zwischen Gut und Böse
Mit Texten von Martin Buber über das Böse nachsinnen
ISBN 978-3-8382-0340-9

15 *Cornelia Muth*
Von der interkulturellen Erfahrung zur transkulturellen Begegnung – und zurück
ISBN 978-3-8382-0350-8

16 *Cornelia Muth (Hrsg.)*
Ein Wegweiser zur dialogischen Haltung
Dialogische Praxisforschung in Arbeitsfeldern von Sozialer Arbeit und Pädagogik der Kindheit
ISBN 978-3-8382-0520-5

17 *Stefan Bockshecker, Dejan Kibbert*
Profession und Haltung in der Sozialen Arbeit
ISBN 978-3-8382-0789-6

18 *Nicole Pankoke, Silvia Röben*
Grenz-Räume dialogischer Bildung
Zwei Denkbewegungen
ISBN 978-3-8382-0798-8

19 *Nojin Malla Mirza*
Dialogische Ansätze in der Arbeitslosenberatung
Eine empirische Studie zu Grenzen und Perspektiven
ISBN 978-3-8382-1437-5

20 *Silvia Röben*
Bildung – Bewertung – Beziehung – Bewusstsein?
Bildung im Spannungsfeld von Ökonomie und pädagogischer Beziehung
ISBN 978-3-8382-1470-2

21 *Cornelia Muth (Hg.)*
Was bleibt?
Resilienz der Dialogphilosophie
ISBN 978-3-8382-1578-5

Isabell Harstick und Katharina Wilke

DIALOGISCHE PROZESSE IN DER SOZIALEN ARBEIT
Zwei praxisorientierte Ausrichtungen

Bibliografische Information der Deutschen Nationalbibliothek
Die Deutsche Nationalbibliothek verzeichnet diese Publikation in der Deutschen Nationalbibliografie; detaillierte bibliografische Daten sind im Internet über http://dnb.d-nb.de abrufbar.

Bibliographic information published by the Deutsche Nationalbibliothek
Die Deutsche Nationalbibliothek lists this publication in the Deutsche Nationalbibliografie; detailed bibliographic data are available in the Internet at http://dnb.d-nb.de.

ISBN-13: 978-3-8382-1471-9
© *ibidem*-Verlag, Stuttgart 2022
Alle Rechte vorbehalten

Das Werk einschließlich aller seiner Teile ist urheberrechtlich geschützt. Jede Verwertung außerhalb der engen Grenzen des Urheberrechtsgesetzes ist ohne Zustimmung des Verlages unzulässig und strafbar. Dies gilt insbesondere für Vervielfältigungen, Übersetzungen, Mikroverfilmungen und elektronische Speicherformen sowie die Einspeicherung und Verarbeitung in elektronischen Systemen.

All rights reserved. No part of this publication may be reproduced, stored in or introduced into a retrieval system, or transmitted, in any form, or by any means (electronic, mechanical, photocopying, recording or otherwise) without the prior written permission of the publisher. Any person who does any unauthorized act in relation to this publication may be liable to criminal prosecution and civil claims for damages.

Printed in the EU

Vorwort der Herausgeberin

Die vorliegenden Studien zeigen, wie vielfältig der Dialog praktisch eingesetzt werden kann.

Frau Harstick gibt Beispiele für Organisation und Verwaltung, Frau Wilke für die Teamarbeit. Beide Autorinnen sind aufgrund ihrer eigenen Erfahrungen mit dem Dialog überzeugt, eine Ethik zu vertreten, die tatsächlich zur Humanisierung unserer Gesellschaft beitragen kann. Dafür braucht es aber auch immer wieder Mut(h) und Risikobereitschaft, sich mit dialogischer Haltung offen und damit verletzbar zu machen, denn größtenteils ist unsere Welt eine monologisch ausgerichtete.

Diesen geistigen Offenbarungen wünsche ich viele LeserInnen, besonders aus der Praxis. Mögen die bewegenden Worte viele Mit-Menschen inspirieren!

Cornelia Muth,
Berlin, im Dezember 2021

Inhaltsverzeichnis

Teil 1
Isabell Harstick
Der Qualitätsdialog – Herausforderungen und Potenziale dialogischer Qualitätsentwicklung 9

Teil 2
Katharina Wilke
Der Dialog als Methode zur Stärkung der Teamresilienz. Eine Praxisentwicklungsforschung 95

Teil 1

Isabell Harstick

Der Qualitätsdialog – Herausforderungen und Potenziale dialogischer Qualitätsentwicklung

Inhalt

1. Einleitung 13

2. Zur Qualität in der Sozialen Arbeit 15
   2.1 Zu Perspektiven von Qualität 19
   2.2 Der Qualitätsdiskurs 21
   2.3 Der Qualitätsfokus auf Organisationen Sozialer Arbeit .. 29

3. Die Herausforderungen und Potenziale des
   Qualitätsdiskurses 33

4. Der Qualitätsdialog 37
   4.1 Das Verfahren 38
   4.2 Der Weg der Implementierung 42
   4.3 Zum Dialog im Qualitätsdialog 45

5. Herausforderungen und Potenziale des Qualitätsdialogs 47

6. Der *Dialog* in Philosophie und Praxis 55
   6.1 *Dialog*philosophie nach Martin Buber 56
   6.2 Dialogpraxis nach David Bohm 61

7. Herausforderung und Potenziale *dialogischer*
   Qualitätsentwicklung in der Sozialen Arbeit 65

8. Zum Dialog in der Sozialen Arbeit 75
   8.1 *Dialog* auf politischer Ebene? 77
   8.2 Der *Dialog*fokus auf Organisationen Sozialer Arbeit 80

9. Fazit 85

Literaturverzeichnis 89

1. Einleitung

In diesem Beitrag möchte ich herausfinden, inwiefern der *Dialog* Potenziale und Herausforderungen für den Qualitätsdialog birgt, sich qualitativ weiterzuentwickeln. Diese Fragestellung resultiert aus meiner These, dass der Ansatz des *Dialoges* nach Martin Buber und David Bohm in vielerlei Hinsicht vielversprechend mit dem Thema Qualität in Verbindung gebracht werden kann und darüber hinaus professionsstärkend für die Soziale Arbeit ist.

Ich habe mich bewusst für die Themen Qualität, Qualitätsdialog und *Dialog* entschieden. Für mich manifestiert sich im Thema Qualität der Sozialen Arbeit das Dilemma der Profession Sozialer Arbeit, welches sich seit den 1990er Jahren bis heute auf diese auswirkt. Das Dilemma besteht aus einem Bruch zwischen sozialpolitischen Anforderungen und dem professionellen Selbstanspruch. Diese Zielvorstellungen sind partiell nicht miteinander vereinbar. Durch den Diskurs um Qualität wird deutlich, welchen strukturellen und institutionellen Rahmenbedingungen die Soziale Arbeit unterliegt. Ebenso zeigt sich im Qualitätsdiskurs, dass die Profession der Sozialen Arbeit sich professionalisieren muss – und dass ihr dies auch gelingen kann. Das Wissen, in Zukunft als Sozialarbeiterin in einem Arbeitsfeld tätig zu sein, in dem Menschen unterstützt werden sollen, sich von belasteten Lebenslagen zu emanzipieren, mich selbst aber gleichzeitig nicht von professions-einschränkenden Rahmenbedingungen emanzipieren zu können, stimmte mich unzufrieden[1]. Ich lernte im Studium den *Dialog* nach Martin Buber kennen und erlebte diesen als persönlich überaus bereichernd. Der *Dialog* setzt an der inneren Haltung und dem zwischenmenschlichen Kontakt an. Beides empfinde ich als unabdingbare Elemente qualitativer und professioneller Sozialer Arbeit. Meine Frage danach, an welcher Stelle der Bruch zwischen sozialpolitischen Anforderungen und professionellem Selbstanspruch zu lösen ist, beantwortet sich für mich mit dem

---

[1] Die Bezeichnung von Menschen, die Soziale Arbeit leisten und in Anspruch nehmen, unterscheidet sich je nach professionellem Setting. Aus diesem Grund verwende ich in diesem Beitrag keine einheitlichen Begriffe, sondern versuche, dem jeweiligen Setting gerecht zu werden. Entscheidend ist für mich, wie Menschen sich selbst bezeichnen möchten.

Anknüpfungspunkt zwischenmenschlicher Kommunikation. An dieser Stelle rückt der Qualitätsdialog als geeignete Schnittstelle zwischen den Themen Qualität und *Dialog* in den Fokus. Dieser bietet eine Plattform, an der verschiedene Personen beteiligt sind, die gemeinsam über Qualität ins Gespräch kommen. Eine Veränderung der Art und Weise der Kommunikation hin zu einer *dialogischen* Herangehensweise kann in diesem Moment wirksame Effekte mit sich bringen.

Dieser Beitrag besteht demnach aus den drei Themenkomplexen Qualität, Qualitätsdialog und *Dialog*. Entsprechend dieser Reihenfolge werde ich sie inhaltlich bearbeiten.

Ich beginne damit, das Qualitätsthema zu kontextualisieren und Konturen des Qualitätsdiskurses abzubilden (Kap. 2. – Kap. 2.2). Kapitel 2.3 zeigt die besondere Relevanz von Organisationen Sozialer Arbeit für die Ermöglichung von Qualität. Über diesen Verlauf filtere ich heraus, inwieweit der Diskurs um Qualität mit dem Qualitätsdialog zusammenhängt. Dieser wird daran anschließend mit seinen Verfahrensweisen und Implementierungswegen vorgestellt (Kap. 4 – 4.2). Das Kapitel 4.3 stellt eine Überleitung zum *Dialog* dar. Worauf thematisch lange hingearbeitet wurde, wird in den Kapiteln 6 bis 6.2 der Dialog in Theorie und Praxis aufgeschlüsselt. Nachdem die drei Themenkomplexe zusammengeführt wurden, folgen die Kapitel 8 bis 8.2 dem Ziel, praktische Anschlussfähigkeiten dialogischer Qualitätsentwicklung in unterschiedlichen Gesellschaftsfeldern vorzustellen.

Im Anschluss an jeden Themenkomplex erfolgt ein Diskussionskapitel (Kap. 3; 5 und 7). Damit verfolge ich zum einen das Ziel, die Themen im ersten Schritt voneinander abzugrenzen, um sie darüber in ihrer Komplexität erfassbar zu machen. Zum anderen kann ich die Erkenntnisse aus den Diskussionen sinnvoll in den weiteren Verlauf des Beitrages einfließen lassen. Im nächsten Schritt ist es mir dadurch im letzten Diskussionskapitel (Kap. 7) möglich, die markantesten Erkenntnisse aller drei Themenkomplexe miteinander zu verbinden und zu einer fundierten Beantwortung meiner Fragestellung kommen. Ein weiterer wichtiger Aspekt der Diskussionskapitel besteht für mich darin, meine Verstehensprozesse transparent werden zu lassen. In der Diskussion lasse ich die Lesenden dieses Beitrages an meiner Reflexion des Gelesenen und Gelernten teilhaben.

2. Zur Qualität in der Sozialen Arbeit

Zur Beantwortung der Fragestellung ist es zunächst dienlich, eine Definition von Qualität darzulegen. Aus diesem Grund wird hier beispielhaft die Definition von Qualität (im Zitat mit Q. abgekürzt) aus dem Fachlexikon der Sozialen Arbeit angeführt:

> „Verbindlich und allgemeingültig definiert ist der Begriff Q. in der internationalen gültigen Normierung des Qualitätsmanagements. Danach ist Q. der Grad, in dem eine Gesamtheit inhärenter Merkmale eines Produktes, Systems oder Prozesses die Anforderungen von Kund/innen und anderen interessierten Parteien erfüllt. [...] Der Maßstab für Q. kann von ethischen Werten oder Interessen bestimmt sein. Der Vergleich zur Bestimmung von Q. kann in einem dialogischen Prozess erfolgen, regelmäßig und kontinuierlich. Q. kann beschrieben werden als Zuverlässigkeit, Wirksamkeit, als optimales Preis-Leistungs-Verhältnis, als Gleichbehandlung, Akzeptanz oder in den Dimensionen Potenzial-/Strukturqualität, Prozessqualität und Ergebnisqualität. Als Dienstleistung sollte Soziale Arbeit den relationalen Q.begriff ausfüllen und Maßstäbe definieren, an denen ihre Q. festgestellt und auch gemessen werden kann." (Kuhn 2017, S. 683).

Die Definition eröffnet verschiedene Aspekte, welche im weiteren Verlauf des Beitrages aufgegriffen werden, um ihre Relevanz für den Qualitätsdiskurs deutlich zu machen. Darunter fällt das Qualitätsmanagement (Kap. 2.2), der dialogische Prozess im Zusammenhang mit dem Thema Qualität (Kap. 2; ab Kap. 6ff.) und u.a. das relationale Verständnis von Qualität (Kap. 2.1). Die im Zitat angeführten Beschreibungen von Qualität fasse ich als dementsprechend verstandene Qualitätsmerkmale auf, auf welche ich zum Ende dieses Kapitels eingehe. Über die Auseinandersetzung mit den genannten Aspekten sollte es mir in diesem Beitrag gelingen, einen Überblick über das Qualitätsthema anzubieten.

Das Qualitätsthema wird seit mehr als 25 Jahren immer wieder von verschiedenen Autor_innen[2] aufgegriffen und diskutiert (Bauer, R. 1996, Thiersch 1997, Hansen 1997, Merchel 1998, Hansbauer 2000, Otto; Richter; Schrödter 2004, Galiläer 2005, Otto; Po-

---

[2] Wann immer es mir nicht möglich ist, eine geschlechtsneutrale Personenbezeichnung zu verwenden, benutze ich das Gender_Gap, welches sich für alle Genderformen öffnet.

lutta, Ziegler 2010). Darin zeigt sich, dass Qualität nicht einfach nur ein vorübergehendes Modethema ist, sondern sich darüber eine fachliche Auseinandersetzung, Weiterentwicklung und Legitimation der Sozialen Arbeit selbst ausdrückt (vgl. Merchel 2013, S. 9). Andauernd aufrechterhalten wird dies unter anderem durch sozial- und finanzpolitische Einflüsse, die in den Diskussionen über Qualität nicht auszublenden sind, damit einhergehende An- und Aufforderung zu Maßnahmen der Qualitätsentwicklung und die inhaltlich anschließende Debatte um die wirkungsorientierten Ausrichtungen der Dienstleistungen in Organisationen Sozialer Arbeit (vgl. ebd.)[3]. All jene verschiedene Strömungen innerhalb des Qualitätsdiskurses drücken ein „Streben nach guter Qualität" (Zech, Dehn 2017, S. 127) aus, was wiederum die Debatte um Professionalität[4] der Sozialen Arbeit aufgreift, welche sich über ihre ‚gute Arbeit' auszeichnet.

Die gesamte Diskussion um Qualität hat mit der Frage der Profession Sozialer Arbeit zu tun. Will eine Profession dauerhaft glaubwürdig sein, muss sie Auskunft darüber geben, warum, wie und wozu gehandelt wird (vgl. Merchel 2013, S. 34). Die Soziale Arbeit hat den Auftrag, vertreten durch die professionellen Fachkräfte, gemeinsam mit Menschen zu arbeiten. Oftmals geht es darum, eine positive Veränderung in der aktuellen Form der Lebensbewältigung im Sinne der betroffenen Person auszuhandeln. Das sozialarbeiterische Wirken in Bereichen wie „Bildung, Beratung und sozialen Dienstleistungen" ist somit zukunftsweisend und ihre professionelle „Einstellung zur Qualität" und Auseinandersetzung mit diesem Thema von maßgeblicher Bedeutung (Zech, Dehn 2017, S. 34).

---

[3] Wirkungsorientierung bedeutet, nachweisen zu können, welche Handlungspraxis was bewirkt. Die Wirkungen sollen nachweisbar sein, damit sozialarbeiterisches Handeln über eine wissenschaftliche Absicherung gerechtfertigt ist. Siehe ausführlicher zum Diskurs der Wirkungsorientierung in der Sozialen Arbeit: Bastian et al 2009; Ziegler 2009; Albus et al 2010; Polutta 2010.

[4] siehe ausführlicher zur Professionalisierungsdiskussion der Sozialen Arbeit: Parson 1951; 2005; Daheim 1992; Schütze 1992; Oevermann 1996; Stichweh 1996; Klatetzki 2005; Seithe 2012, Dewe, Otto 2015, Lenz et al 2015.

Aus der eingangs angeführten Qualitätsdefinition gehen die konkreten Qualitätsbeschreibungen Zuverlässigkeit, Wirksamkeit, optimales Preis-Leistungs-Verhältnis, Gleichbehandlung und Akzeptanz (s.o.) hervor. Unklar in dem Zusammenhang bleibt, für welche Interessengruppe diese Beschreibungen verstanden sind. Ich fasse sie als appellhafte und handlungsweisende Qualitätskriterien für das Feld der Sozialen Arbeit auf.

Durch die intensive Beschäftigung mit dem Thema Qualität ist mir deutlich geworden, wie schwierig es ist, Qualitätsmerkmale erfassbar zu machen und sie mit ihrer Nennung für dennoch nicht allgemeingültig und absolut zu setzen. Inhaltlich wird diese Ambivalenz im nächsten Kapitel auf theoretischer Grundlage tiefergehend bearbeitet. Qualitätskriterien müssen weitreichend definiert sein, so dass einzelfallspezifisch angemessen agiert werden kann und darf, um der „Unbestimmtheit und Unbestimmbarkeit menschlicher Sach- und Sozialverhalte" gerecht zu werden (Zech, Dehn 2017, S. 29). Diesem Punkt nachkommend markiert Barbara Rose das Qualitätsmerkmal, als professionelle Person Sozialer Arbeit als verbindendes Element zwischen gesellschaftlichen Teilsystemen zu fungieren und einer „lebensweltlich orientierten Allzuständigkeit verpflichtet zu sein" (2004, S. 216). Daraus lässt sich das Qualitätsmerkmal der Lebensweltorientierung ableiten, welches ein Bewusstsein darüber impliziert, dass sich jede Person in einer eigens konstruierten und geprägten Lebenswelt befindet.[5] Einzelfallspezifisches Handeln, Lebensweltorientierung und ‚Allzuständigkeit' sind demnach drei Merkmale, die einer qualitativen Sozialen Arbeit zu Gute kommen und professionellen Entscheidungsspielraum erlauben. Mechthild Seithe führt zur Lebensweltorientierung aus, dass diese sich aus den Merkmalen Lebenswelterhaltung, Sozialraumorientierung, Alltagsorientierung, Flexibilität und Kund_innenorientierung zusammensetzt (vgl. 2007, S. 586ff.). Hinzu kommt das Qualitätsmerkmal der Partizipation (vgl. ebd., S. 585). Betroffene Personen müssen am Hilfeprozess und in Qualitätsaushandlungen beteiligt sein, da sie diejenigen sind, die die Konsequenzen tragen. Um ein dem entgegengesetztes Qualitäts-

---

[5] siehe ausführlicher zur Lebensweltorientierung: Thiersch 1986

merkmal zu nennen, lässt sich hier vorgreifen auf das Neue Steuerungsmodell der Kommunalen Gemeinschaftsstelle für Verwaltungsmanagement (Kap. 2.2), für die sich Qualität u.a. durch eine schnelle Leistungserbringung auszeichnet (vgl. 1993, S. 12).

Die Qualität in der Sozialen Arbeit hängt von den Beteiligten an der jeweiligen Situation ab. Soziale Arbeit funktioniert, weil sie mit Menschen zu tun hat, interaktiv und ist somit in jedem Moment einmalig und in der Form nicht wiederholbar (vgl. Dahme, Wohlfahrt 2015, S. 1284). Ob ein zielhaftes sozialarbeiterisches Vorhaben aufgeht, lässt sich nicht voraussagen und ist unabdingbar auf die Koproduktion aller Beteiligten angewiesen (vgl. Baethge 2011, S. 54f.). Dies bedeutet, eine soziale Dienstleistung kann ohne das aktive Zutun oder Mitproduzieren der ‚Leistungsempfänger_innen' keinen Erfolg haben[6]. Hinzu kommt, das für die Soziale Arbeit geltende Uno-actu-Prinzip: Produktion und Konsumtion einer sozialen oder auch personenbezogenen Dienstleistung finden im selben Moment statt und sind angewiesen auf die Präsenz der betroffenen Person (vgl. Kessl/Otto 2011, S. 390). Diese Besonderheiten von personenbezogenen sozialen Dienstleistungen können nur erschwert berücksichtigt werden, wenn dem gegenüber das Merkmal schneller Leistungserbringung steht und eingefordert wird.

Die angeführten Qualitätszuschreibungen zeigen, wie vielseitig der Qualitätsbegriff gedeutet werden kann. Daher ist es wichtig, verschiedene Perspektiven von Qualität aufzugreifen, um fachgerecht über Qualität sprechen zu können und um zu verdeutlichen, mit welchem Blick bzw. mit welcher Absicht oder mit welchem Interesse auf Qualität geschaut wird und was für Differenzen und Schwierigkeiten sich daraus ergeben können. Hier sei betont, dass die beschriebenen Merkmale keine Vollständigkeit repräsentieren. Das Thema Qualität ist von einer Fülle an Literatur unterlegt und kann hier nur verkürzt dargestellt werden (vgl. Schaarschuch, Schnurr 2004, S. 309).

---

[6] Andersherum betrachtet könnten auch Sozialarbeiter_innen als Ko-Produzent_innen bezeichnet werden und die Leistungsnutzer_innen als die wesentlichen Produzent_innen. Ausführlicher dazu: Badura, Gross 1976; Gross, Badura 1977.

2.1 Zu Perspektiven von Qualität

Überall da, wo Qualität thematisiert wird, ist zu hinterfragen, welche Person oder Instanz dies mit welchem Motiv tut. Vertreter_innen des Managerialismus[7] in der Sozialen Arbeit werden dahingehend andere Qualitätsansprüche formulieren, als Vertreter_innen der Profession Sozialer Arbeit (vgl. Dahme, Wohlfahrt 2015, S. 1279). Die jeweiligen Blickwinkel und Ziele in Bezug auf qualitatives sozialarbeiterisches Handeln verlaufen nicht kongruent. Einführend bringt Joachim Merchel an, „dass das Reden über Qualität immer mit normativen Setzungen verbunden ist", denen eine Wertigkeit innewohnt, die über ‚gute' und ‚schlechte Qualität' urteilt (2013, S. 41).

Dadurch, dass Qualität demnach immer in Beziehung zu einem Sachverhalt gedeutet werden muss, entsteht daraus ein Konstrukt, welches sich von gesellschaftlichen und persönlichen Normen, Werten, Zielen und Erwartungen nicht trennen lässt. Darüber hinaus wird deutlich, dass Qualität z.B. vor einem historischen Hintergrund gelesen werden muss. Die Wertmaßstäbe einer Gesellschaft und einzelner Personen verändern sich mit der Zeit, so dass Qualität einen prozesshaft-dynamischen Charakter annehmen muss, um zeitgemäß gestaltet zu werden. Auf diesen sich kontinuierlich verändernden Charakter lässt sich über eine dialogische Herangehensweise eingehen. Benötigt sind regelmäßige Gespräche und Aushandlungen über Qualität (vgl. 2013, S. 43). Merchel konstatiert, dass sich die Definition von Qualität der Sozialen Arbeit, die sich als soziale Dienstleistung vollzieht, dabei aus mindestens drei Perspektiven zusammensetzen muss. Dazu gehören vor allem die Adressat_innen selbst, die Professionellen, die an eine jeweilige Organisation angebunden sind und eine fachbezogene Meta-Perspektive (vgl. 2013, S. 41).

---

[7] Managerialismus drückt die zu erkennende Ideologie in sozialpolitischen Modernisierungen von Effizienzsteigerung sozialstaatlichen Handelns und Qualitätsverbesserung der Leistungen aus. Fraglich ist, inwieweit diese Entwicklungen zur Profession Sozialer Arbeit passen. Ausführlicher dazu: Schnurr 2005; Dahme, Wohlfahrt 2015; Mohr 2017.

Das relationale Verständnis von Qualität

Die Aushandlung darüber, was Qualität ausmacht, findet in diesem Kontext dadurch statt, dass die drei erwähnten Perspektiven von Adressat_innen, Professionellen und Fachlichkeit in Relation zueinander gesetzt werden müssen. Zu diesen Aushandlungen führt Burkhard Müller aus, dass die Adressat_innen dabei die Rolle der Bürger_innen als öffentliches ‚Publikum' und Verbraucher_innen der kommunalen Leistungsinfrastruktur repräsentieren. Die Professionellen vertreten die Pflicht, die fachlichen Standards zu gewährleisten. Erweiternd kommt bei B. Müller die Perspektive der Leistungsträger stellvertretend für die Sozialpolitik hinzu, die für die Zuweisung und Verwaltung öffentlicher Mittel zuständig sind. Jede beteiligte Instanz ist geleitet von eigenen Qualitätskriterien und damit verbundenen Interessen, Zielen und Vorstellungen (vgl. 2004, S. 200ff.). Zusammenfassend kann festgehalten werden, dass Qualität nicht alleinstehend betrachtet werden kann, sondern systematisch unter der Berücksichtigung der verschiedenen Perspektiven und Qualitätsmerkmalen miteinander in Relation gesetzt und interpretiert werden muss (vgl. Schaarschuch, Schnurr 2004, S. 313).

Das evaluative Verständnis von Qualität

Weniger relational, aber durchaus präsenter in der heutigen Sozialen Arbeit, erscheint die folgende Sichtweise, die das Qualitätsthema mit sich bringen kann. Sascha Honig und Michael Neumann weisen auf „ein evaluatives Qualitätsverständnis" hin (2004, S. 256). Anknüpfend an Merchel sprechen sie ebenfalls davon, dass Qualität eine autoritäre und normierende Auswirkung hat. Darüber hinaus soll Qualität aus sozialpolitischen Forderungen vergleichbar sein, worüber Vielfalt und professioneller Entscheidungsfreiraum reduziert wird und mehr als Management stärkendes Steuerungsinstrument dient (vgl. ebd.). Ausgehend von einem solch technischen Normbegriff von Qualität kann der Schluss gezogen werden, dass Normabweichung lediglich evaluieren zwischen Richtig und Falsch. Eine Person, die in Folge von ‚Falsch', in dem Sinne eine Hilfebedürftigkeit, eine Leistung in Anspruch nimmt, könnte dies als Sanktion oder ‚Fehlerkorrektur' aufgrund ‚persönlichem Versagen' auffassen. Kritisch dazu vermerken Rainer Zech und Claudia Dehn, dass dieser lineare, technische Umgang der sozialen Wirklichkeit von Menschen nicht gerecht wird (vgl. 2017, S. 26).

Qualität als Gelingen und Sinnhaftigkeit

Zech und Dehn erarbeiteten, als dritte Perspektive, die Definition von Qualität als Gelingen und Sinnhaftigkeit der je spezifischen Praxis für betroffene Personen und beteiligten Akteur_innen (vgl. 2017, S. 18; S. 31). Beides vollzieht sich in den von ihnen ausdifferenzierten Dimensionen Sachliches, Soziales und Zeit, auf die hier nicht im Detail eingegangen werden kann (vgl. ebd., S. 24ff.; S. 31ff.). Grundsätzlich betonen sie, dass es im Bereich des sozialen Handelns darum geht, „eine Praxis an bestimmten Merkmalen des Funktionierens dieser Praxis zu orientieren" (ebd., S. 26).

Gezeigt wurden drei exemplarische Perspektiven auf Qualität. Jede Perspektive verfolgt einen anderen Fokus. Das zeigt, wie uneindeutig es ist, über Qualität zu sprechen und das hinterfragt werden muss, wer mit welchem Motiv über Qualität spricht und ob die Menschen an den Qualitätsaushandlungen beteiligt sind, die letztendlich von den Konsequenzen betroffen sind.

2.2 Der Qualitätsdiskurs

Der Qualitätsdiskurs ergibt sich aus verschiedenen Entwicklungssträngen, die in diesem Kapitel beschrieben werden. Ziel ist es, den heutigen Stand des Qualitätsthemas in der Sozialen Arbeit grob zu kontextualisieren und aufzuzeigen, mit welchen Themen darüber hinaus Qualität in der Sozialen Arbeit zusammenhängt.

Einer der Entwicklungsstränge resultiert aus den angestiegenen Legitimationsanforderungen von Seiten der Sozialpolitik gegenüber der Sozialen Arbeit (vgl. Merchel 2013, S. 19f.). Der nächste Entwicklungsstrang hat mit einer zunehmenden betriebswirtschaftlichen Orientierung in der Sozialen Arbeit zu tun (vgl. ebd., S. 21ff.). Für beide wird anhand des Neuen Steuerungsmodells der Frage nachgegangen, woher diese Entwicklungen kommen. Die

Etablierung eines Qualitätsmanagements in der Sozialen Arbeit markiert ebenfalls einen Entwicklungsstrang im Qualitätsdiskurs und wird dementsprechend in diesem Kapitel dargestellt. Dass der Qualitätsdiskurs unmittelbar mit einer verstärkten Managementorientierung in der Sozialen Arbeit zusammenhängt, wurde bereits im Kapitel 2.1 angeschnitten. Einen weiteren Entwicklungsstrang stellt Qualitätsentwicklung dar. Qualitätsentwicklung wird organisationsübergreifend als Qualitätssteuerungsmittel verwendet und verdeutlicht die sozialstaatliche Komponente des Qualitätsdiskurses. Jeder dieser Entwicklungsstränge ist eng mit den jeweils anderen Entwicklungslinien verknüpft. Es kann hilfreich sein, sie gesondert voneinander zu betrachten, um zu erkennen, inwiefern sie miteinander verstrickt sind. Hinzu kommt der Hinweis, dass die im Folgenden vorgestellten Entwicklungsstränge nicht den vollständigen Qualitätsdiskurs widerspiegeln können. Der Qualitätsdiskurs umfasst ein umfangreiches Themengebiet, welches mir in seiner Gesamtheit nicht möglich war zu erfassen.

Die Orientierung am Neuen Steuerungsmodell in der Sozialen Arbeit stellt für diesen Beitrag den sozialpolitischen Kontext des Qualitätsdiskurses dar. Bezugnehmend auf das Thema Qualität merkt Seithe an, dass die Neue Steuerung über das Kontraktmanagement (Erklärung im weiteren Verlauf) die Soziale Arbeit dazu zwingt, professionelle Qualität, ihre spezifischen Merkmale und ihre zur Umsetzung erforderlichen quantitativen Maßnahmen zu definieren (vgl. 2007, S. 585). Daraus wird deutlich, dass die Auseinandersetzung mit der Qualität sozialarbeiterischen Handelns nicht intrinsisch aus der Profession kommt, sondern von ‚außen', durch sozialpolitische Anforderungen, an sie herangetragen wurde. Diesen Punkt verstärken Dahme und Wohlfahrt, indem sie davon sprechen, dass jede soziale Dienstleistung im Kern einem staatlichen Zweck entspringt und erfüllen muss (vgl. 2015, S. 1284)[8]. Dies erhöht den Druck auf die Profession, nicht bloß zu reagieren,

---

8   Der heutige Sozialstaat unterliegt u.a. dem Prinzip des „Fordern und Förderns": Bürger_innen werden zur Eigenverantwortung ‚mobilisiert'. Siehe kritisch dazu: Dahme, Wohlfahrt 2005 zur aktivierenden Sozialen Arbeit und Dollinger, Raithel 2006 zur aktivierenden Sozialpädagogik.

um diesen Anforderungen gerecht zu werden und sich als ausreichend legitim darzustellen, sondern sich als eigenständige Profession zu behaupten (vgl. Merchel 2004, S. 136f.).

Das Neue Steuerungsmodell

Die kommunale Gemeinschaftsstelle für Verwaltungsmanagement (KGSt) veröffentlichte 1993 einen Bericht über das Neue Steuerungsmodell. In dem Bericht werden Begründungen dafür, Konturen um und Lösungen zur Umsetzung für das Neue Steuerungsmodell angeführt. Anlass für eine neue Art der Steuerung sind knapper werdende finanzielle Ressourcen und steigende gesellschaftliche Bedarfe an Leistungserbringungen (vgl. ebd., S. 7). Im Laufe der Zeit haben sich Verwaltungsmängel aufgetan, die für nicht länger tragbar erklärt wurden (vgl. ebd., S. 9f.). Der Zustand wird damit beschrieben, dass es „Kein Zwang zur Leistungsverbesserung" gibt, eine „Überforderung des Haushalts" existiert, „Keine Gesamtverantwortung auf Fachbereichsebene" besteht und eine zu „Geringe Marktnähe" vorliegt (vgl. ebd., S. 10).

Ein weiteres Defizit bestehe aus einer ‚Legitimitätslücke', die die Kommunalverwaltung, bzw. ausführende Instanzen der Sozialpolitik auf Grund von nicht vorzeigbarer Leistungstransparenz gegenüber der Wirtschaft und fragenden Bürger_innen nicht schließen kann (vgl. KGSt 1993, S. 12). Hier wird deutlich, dass das Thema Legitimation vor dem Hintergrund unterschiedlicher Perspektiven besonders betrachtet werden muss. Einerseits reagiert die Sozialpolitik auf Legitimationsanfragen seitens der Wirtschaft und der Büger_innen. Daraufhin richten sich Legitimationsanforderungen ausgehend von der Sozialpolitik an die Soziale Arbeit. Die Soziale Arbeit hat daran anknüpfend die Aufgabe, die sozialpolitischen Anforderungen auszubalancieren, inwieweit sie fachlich legitim erfüllt werden können. Für mich bleibt die Frage offen, an welcher Stelle und wodurch die Fragen nach Legitimation beginnen und ob es weitere Punkte gibt, die dieses Thema beeinflussen.

Von der Legitimitätslücke zwischen Sozialpolitik und Wirtschaft mit Interessen seitens der Bürger_innen ausgehend, lassen sich die folgenden Merkmale der Neuen Steuerung leichter nachvollziehen.

Ein wesentliches Ziel besteht aus dem „Aufbau einer unternehmensähnlichen, dezentralen Führungs- und Organisationsstruktur" (KGSt 1993, S. 3). Die Verantwortung für kommunale Leistungen wird auf Politik und Verwaltung verteilt (vgl. ebd.). Dabei beschäftigt sich die Politik mit der Frage, welches Angebot an Leistungen es geben soll und die Verwaltung mit der Frage, wie diese Leistungen umgesetzt werden sollen (vgl. ebd., S. 17). Innerhalb der Verwaltung soll die Fach- und Ressourcenverantwortung ebenfalls dezentral organisiert sein, damit ein ‚überforderter Haushalt' vermieden werden kann. Die verteilte Fachverantwortung wirkt sich in einem Kontraktmanagement aus. Das bedeutet, es wird verbindlich vereinbart, mit welcher Leistung was für ein Produkt erzeugt wird oder welches Ziel erreicht werden soll. Jeder Leistungsvereinbarung wird ein fixes Budget zugeschrieben (vgl. ebd.). Mit der Verantwortung über Ressourcen wie Personal, Stellen, Geld und Sachmittel soll die Verwaltung einen Handlungsspielraum darüber haben, wie sie Leistungen gestaltet (vgl. ebd., S. 18). Jedwedes Agieren wird durch einen zentralen Steuerungs- und Controllingbereich geprüft (vgl. ebd., S. 19). Durch das vorab festgelegte Produktergebnis einer Leistung zeigt sich die Orientierung nach der Wirkung, die je spezifisch angestrebt wird (vgl. ebd., S. 8; S. 12). Es wird gefordert, dass jede Wirkung überprüf- und steuerbar ist (vgl. Müller 2004, S. 199). Zusammenfassen lässt sich dies unter der Bezeichnung Outputsteuerung (vgl. KGSt 1993, S. 20). Durch Kostensteigerungen im Bereich der kommunalen Leistungen auf Grund knapper Ressourcen wird das Augenmerk von Bürger_innen und Wirtschaft umso mehr darauf gelenkt, Nachweise über ein faires Preis-/Leistungsverhältnis einzufordern, die zeigen, dass die Kosten und Maßnahmen einer personenbezogenen sozialen Dienstleistung gerechtfertigt sind. Daher folgt die Anforderung, in Form von einer öffentlichen „Rechenschaftslegung über Effizienz, Zielgenauigkeit und Qualität" (KGSt 1993, S. 12) Leistungen und ihren jeweiligen Kostenaufwand transparent zu machen. Über diesen Weg erfolgt eine ‚Legitimitätssicherung', eine Aktivierung der Verwaltung zu besseren Leistungen und „das

Informationsbedürfnis einer kritischen Bürgerschaft" (KGSt 1993, S. 12) kann befriedigt werden. Die Rechenschaftslegung über erbrachte Leistungen soll verstärkt durch ein Berichtswesen umgesetzt werden (vgl. Meinhold, Matul 2011, S. 90). Das Element des Wettbewerbs soll all diese Veränderungen unterstützend aktivieren. Durch den Wettbewerbsgedanken verspricht sich für die KGSt eine innovative und vor allem vergleichbare Leistungsverbesserung (vgl. KGSt 1993, S. 22f.).

Die Idee, Leistungen mit ihren Preisen und Wirkungen zu vergleichen, nennt sich ‚Benchmarking' (vgl. Meinhold, Matul 2011, S. 163). Alle angebotenen Leistungen orientieren sich an der Nachfrage von Kund_innen aus dem gesellschaftlichen Umfeld (vgl. KGSt 1993, S. 15). Rose fasst zusammen, dass für die Legitimation sozialer Leistungen, zähl- und messbare Daten eingefordert werden, um sie dem Geldgeber vorzulegen. Dafür wird sich betriebswirtschaftlicher Technologien bedient, die im Bereich des Sozialen mit einem enorm hohen bürokratischen Aufwand verbunden sind (vgl. 2004, S. 215). Die Verwaltungen müssen sich demnach umorganisieren, weshalb B. Müller von einer Verwaltungsreform spricht (vgl. 2004, S. 203).

Das Qualitätsmanagement

Die Notwendigkeit, sich in der Sozialen Arbeit mit Managementfragen zu befassen, geht aus folgendem Zitat hervor:

> „Mittlerweile gestehen selbst Skeptiker, dass die Soziale Arbeit um eine offensive Auseinandersetzung mit den Anforderungen des Qualitätsmanagements nicht herumkommt und zu einer Position finden muss, die den ablehnenden Verweis auf den Zusammenhang zwischen Qualitätsmanagement einerseits und ‚Ökonomisierung', ‚Managerialismus' und ‚neoliberalen Kolonialisierung' andererseits überwindet und zu einer den Eigenheiten der Sozialen Arbeit angemessenen Formen des Qualitätsmanagements findet" (Merchel 2013, S. 17)[9].

---

[9] Auf das Thema neoliberale Kolonialisierung kann hier nicht im Detail eingegangen werden. Die Themen Ökonomisierung und Managerialismus sind permanent in die Ausarbeitung eingebettet, können in ihrer Ausführlichkeit allerdings nicht vorgestellt werden.

Um den Begriff des Qualitätsmanagements in Bezug auf die Soziale Arbeit einführend zu beleuchten, wird hier erneut auf das Fachlexikon der Sozialen Arbeit zurückgegriffen (Qualitätsmanagement ist mit Q. abgekürzt):

> „Qualitätsmanagement ist nach DIN EN ISO 9000:2015 die zusammenfassende Bezeichnung für alle aufeinander abgestimmten Tätigkeiten zum Leiten und Lenken einer Organisation bezüglich Qualität. [...] Q. umfasst das Festlegen der Qualitätspolitik, der Qualitätsziele, die Qualitätslenkung, die Qualitätssicherung und die Qualitätsverbesserung. [...] Q. fordert von den Organisationen, die Wirksamkeit des Q.systems ständig zu verbessern" (Kuhn 2017, S. 684f.)[10].

An Deutlichkeit gewinnt, dass sich Qualitätsmanagement aus verschiedenen Bereichen zusammensetzt und es um wirksame und qualitative Arbeit und deren permanente Verbesserung innerhalb einer Organisation geht. Laut Merchel wird in einem solch breit aufgestellten Verständnis von Qualitätsmanagement die Grenze „zwischen qualitätsbezogenem Management und allgemeinem Management einer Organisation" zu wenig sichtbar (vgl. 2013, S. 14). Das allgemeine Management einer gesamten Organisation unterteilt er in die fünf Teilbereiche organisationsbezogene Steuerung, mitarbeiter_innenbezogene Steuerung, Controlling, Qualitätsmanagement und Marketing. Jeder Teilbereich birgt thematische und prozedurale Anforderungen, auf die einzeln eingegangen werden muss, damit ihre jeweilige inhärente Komplexität sinnvoll bewältigt werden kann. Trotz dessen sind alle Bereiche „elementar miteinander verbunden und funktional aufeinander verwiesen" (vgl. ebd. S. 15f.). Darüber hinaus erfordert insbesondere das Qua-

---

Neoliberale Kolonialisierung meint die Einführung einer ‚freien' Marktwirtschaftslogik in Bereichen wie Bildung, Wissenschaft, Sozial- und Gesundheitswesen. Ausführlicher dazu: Merchel 2013; Klas, Mader 2014, Heintze, Seithe 2014.

Ökonomisierung der Sozialen Arbeit: etablierte sich wesentlich durch das Neue Steuerungsmodell und bedeutet die Überhöhung betriebswirtschaftlicher Steuerungsdimensionen, die Vermarktlichung des Sozialstaates und Wettbewerb auf dem Sozialmarkt. Ausführlicher dazu: Buestrich, Wohlfahrt 2008

10 Zertifizierung nach DIN EN ISO 9000ff.: zahlenbasierte Messung, Analyse und datenbasierte Entwicklung von Verbesserungsschritten der Qualität einer Organisation. Zeichnet Organisationen als qualitätsorientiert aus. Ausführlicher dazu: Merchel 2013

litätsmanagement eine branchenspezifisch gezielte Bewertung, Reflexion und Weiterentwicklung. Für die Soziale Arbeit zieht Merchel dafür die „Güte sozialer Dienstleistungen" als Maßstab heran (vgl. ebd.). Den Organisationen wird nahegelegt, ihre betriebene Qualitätspolitik, den verfolgten Qualitätszielen, ihre standardisierten Verfahrensweisen zur Herstellung und Sicherung von Qualität und Vorgehensweisen zur Überprüfung der Ziele und erreichten Qualitätsergebnisse in einem Qualitätsmanagement-Handbuch festzuhalten (vgl. Meinhold, Matul 2011, S. 145). Unterstützend für die Umsetzung aller Qualitätsmaßnahmen ist inzwischen eine breite Palette an Methoden und praktischen Verfahren für Qualitätsmanagementsysteme vorzufinden (vgl. Meinhold, Matul 2011, S. 145)[11]. Systeme des Qualitätsmanagements haben ihren Ursprung im betriebswirtschaftlichen Arbeitsfeld. Aus einer Kritik daran, dass fachfremd Normen definiert wurden und über Formalisierungen Qualität sozialer Dienstleistungen überwachungsartig kontrolliert wird, entwarfen Zech und Dehn ein Qualitätsmanagementsystem, was als Beispiel dafür gesehen werden kann, inwiefern Managementmodelle auf Organisationen sozialer personenbezogener Dienstleistungen übersetzt werden[12].

Qualitätsentwicklung

Ein wichtiger Punkt, wenn es um Qualitätsentwicklung geht, ist, dass sich daran sozialrechtliche Veränderungen manifestieren. Seit den 1990er Jahren fand das Thema Qualität schrittweise „als Aufgabe aller Sozialen Dienste kodifiziert und die öffentlichen Kostenträger als Gewährleister und Kontrollinstanz der Qualitätsproduktion" Einzug in die Sozialgesetzgebungen (vgl. Dahme, Wohlfahrt

---

[11] Wie bereits erwähnt fällt darunter die Normenreihe DIN EN ISO 9000ff. Bekannt ist auch das Konzept der European Foundation for Quality Management (EFQM), das Benchmarking, die Selbstevaluation und das Total Quality Management (TQM). Ausführlicher dazu: Meinhold, Matul 2011; Merchel 2013. Vielerorts in der Sozialen Arbeit wird heutzutage auch das ‚SMART-Modell' angewandt. Dahinter verbirgt sich die Formel: S für spezifisch, M für messbar, A für akzeptabel, R für realistisch, T für terminierbar. Die Formel wird für die Ausarbeitung einzelner Qualitätsziele verwendet. Ausführlicher dazu: Müller 2004.
[12] Ausführlicher dazu: Zech, Dehn 2017 ab S. 33ff.

2015, S. 1279). Damit haben sich managerialistische Ideologien auf der Ebene des Sozialstaats und Sozialverwaltung durchgesetzt (vgl. ebd.). Der Bereich der Sozialen Arbeit wurde somit ökonomisiert. Darin zeichnet sich ein weiterer bedeutender Entwicklungsstrang innerhalb des Qualitätsdiskurses ab. Im Folgenden soll das Thema Qualitätsentwicklung verkürzt vorgestellt werden.

> „In sozialen Hilfesystemen ist Qualitätsentwicklung eine Aufgabe von Sozialleistungsträgern und Leistungserbringern und nicht mit ständiger Verbesserung gleichzusetzen, die eine betriebliche Aufgabe und nur durch betriebliche Aktivitäten zu realisieren ist. Ein derzeit praktiziertes Verfahren der Qualitätsentwicklung von Leistungsträgern und Leistungserbringern sind Qualitätsdialoge, die auf der Grundlage von Qualitätsberichten geführt werden. Q. bietet Konzepte und Instrumente, die geeignet sind, die Zusammenarbeit zwischen Leistungsträgern und Leistungserbringern zu unterstützen" (Kuhn 2017, S. 684f.).

In diesem Zitat werden zwei Seiten der Qualitätsentwicklung angesprochen, die den Status Quo der Sozialen Arbeit repräsentieren. Unter dem Deckmantel der Qualitätsentwicklung fallen wiederkehrend Maßnahmen wie ausführliche Dokumentationen, Checklisten, Anamnesebögen, Berichtsvorlagen zu Falleinschätzungen, Verfahrensstandards, Arbeitsmanuale, Handlungsleitfäden und Hilfeplanverfahren (vgl. DGQ 2016, S. 29f.). Über diese Formalitäten wird Transparenz im pädagogischen Feld abgedeckt, die benötigt wird, um Strukturen und Prozesse besser steuern zu können (vgl. Merchel 2013, S. 72f.). Die Anforderungen des Neuen Steuerungsmodell an Nachweisen und Überprüfbarkeit werden somit erfüllt. In diesem Fall ist auch von Qualitätssicherungsmaßnahmen zu sprechen (vgl. DGQ 2016, S. 29). Lassen sich in einem Bereich Transparenzmängel oder ‚Legitimitätslücken' aufweisen, werden sozialpolitische Anforderungen entsprechend mit dem Ziel, Leistungen zu verbessern, angepasst. Somit stehen die derzeit angewandten Maßnahmen, die aus einem quantitativ-betriebswirtschaftlichen Kontext kommen, in Verbindung mit ständiger Leistungsverbesserung.

Zum anderen stellt Kuhn in der oben angeführten Definition von Qualitätsentwicklung diese als Rahmenbedingung für Konzepte, Instrumente und Verfahren heraus, die Leistungsträger und

Leistungserbringer_innen in ihrer partner_innenschaftlichen Zusammenarbeit und Realisierung von qualitativen Leistungen unterstützen sollen (s.o.). An der Stelle ist anzumerken, dass nicht auf die Position von Leistungsempfänger_innen eingegangen wird. Diesem Aspekt kommen Zech und Dehn in ihrem Verständnis von Qualitätsentwicklung nach. Für sie zeigt sich der Zweck dessen darin, dass über Qualitätsentwicklungsmaßnahmen „Bedingungen für gute Arbeit – als Ergebnis im Sinne einer guten Leistung für die Adressaten und Abnehmerinnen sowie als Prozess im Sinne guter Leistungsbedingungen für die Arbeitenden selbst" herausgearbeitet werden (vgl. 2017, S. 37)[13]. Folglich lässt sich feststellen, dass Zech und Dehn einen Ansatz verfolgen, welcher sich an Wertmaßstäben der Sozialen Arbeit ausrichtet und weniger an betriebswirtschaftlichen Vorgehensweisen orientiert ist.

Ich möchte damit aufzeigen, dass derzeit überwiegend betriebswirtschaftliche Qualitätsentwicklungsmaßnahmen genutzt werden, sozialarbeits-orientierte Qualitätsentwicklungsmaßnahmen jedoch ebenfalls möglich sind.

Der Qualitätsdiskurs ist mit dem Ende dieses Kapitels nicht vollständig in seiner Bearbeitung abgeschlossen. Gezeigt wurden prägnante Entwicklungsstränge. Es werden darüber hinaus weitere Informationen innerhalb der nächsten Kapitel folgen, die den Qualitätsdiskurs erklärend untermauern.

2.3 Der Qualitätsfokus auf Organisationen Sozialer Arbeit

In diesem Kapitel wird knapp gezeigt, dass Organisationen komplexe Systeme darstellen, welche für die Entstehung von Qualität von besonderer Relevanz sind. Um zu verstehen und darauf rea-

---

[13] Gute Arbeit besteht für sie aus drei unverzichtbaren Aspekten: 1. gesellschaftlicher Bedarf zur Befriedigung des tatsächlichen Benötigten zur Reproduktion eines gesellschaftlichen Lebens, 2. Bildung von Kompetenzen und Persönlichkeit(sentwicklung/entfaltung), 3. Herstellung von Produkten und Dienstleistung auch im Sinne von Zusammenarbeit. Über entsprechend ‚gute Arbeit' gelangen Menschen zu subjektiver Sinnerfüllung und Selbstwirksamkeit (vgl. Zech, Dehn 2017, S. 46ff.).

gieren zu können, wie aus dieser Komplexität Qualität gewonnen werden kann, ist es notwendig sich mit Organisationen Sozialer Arbeit inhaltlich zu beschäftigen. Die neue Art der Steuerung sieht vor, Verwaltungen zu ‚lernenden Organisationen' umzufunktionieren (vgl. KGSt 1993, S. 29). Gelingen kann dies über den Weg des organisationsinternen Personals, in welches vor diesem Hintergrund investiert werden soll. Gefordert sind unternehmerische Führungskräfte, insbesondere auf den Leitungsebenen[14]. Gefördert werden soll daher der „Umgang mit neuen betriebswirtschaftlichen Instrumenten und neuer informationstechnischer Unterstützung" (vgl. ebd.). Daneben sollen auch allgemeine Managementkenntnisse und ein kooperativ-kommunikatives Arbeitsklima gesteigert werden (vgl. ebd.). Wenn die Rede vom Qualitätsdiskurs ist, müssen demnach die ökonomischen Entwicklungen des Neuen Steuerungsmodells in den Organisationen mit in den Blick genommen werden. Bekräftigt wird dies von der Deutschen Gesellschaft für Qualität (DGQ): „[Für ein Qualitätsmanagement] ist die Kenntnis der in der Organisation stattfindenden Prozesse, ihre Wechselwirkungen und Schnittstellen entscheidend, um Ansatzpunkte für die Verbesserung zu identifizieren und daraus Maßnahmen zur Qualitätssteigerung zu entwickeln" (2016, S. 30). Benötigt wird schlussfolgernd ein Wissen darüber, was in Organisationen wie funktioniert. Damit geht jedoch eine Schwierigkeit einher. Jede Organisation entwickelt neben formalen Regeln ein informelles Regelsystem, was auch als Organisationskultur bezeichnet wird. Diese lässt sich nur bedingt von formalen Qualitätsmanagementsystemen steuern (vgl. Klomann, Mohr, Ritter 2019, S. 22). Wichtig ist eine Organisationkultur allerdings im Hinblick darauf, dass ihr „für die Qualität der Leistung eine herausragende Bedeutung zu[kommt]", da sich beispielsweise im kollegialen Kontakt über Fachfragen ausgetauscht und beraten wird (vgl. ebd.).

---

[14] Hier greift das Thema Managerialismus, da es darum geht, in Einrichtungen sozialer personenbezogener Dienstleistungen Führungskräfte mit insbesondere betriebswirtschaftlichen Kenntnissen einzustellen.

Zech und Dehn richten ihren Fokus ebenfalls auf Organisationen und stellen in ihrer Arbeit dar, wie durch Qualitätsentwicklung Organisationsentwicklung und gleichzeitig eine Professionalisierung der Fachkräfte gelingen kann oder möglich wird (vgl. 2017, S. 104 ff.). Für sie bedeutet Qualitätsentwicklung „kontinuierliche Entwicklung der Organisation und Professionalisierung der Beschäftigten auf der Grundlage einer ethisch begründeten inhaltlichen Vorstellung eines guten Lebens in einer gerechten Gesellschaft" (Zech, Dehn 2017, S. 94). Sie begreifen, dass jede Organisation höchst individuell ist und wollen in ihrer Vorstellung von Qualitätsentwicklung unterstützen, dass organisationsintern das Thema Qualität eigens von allen Beteiligten gemeinsam behandelt, interpretiert und vertreten wird (vgl. ebd., S. 10). Damit dieser Ansatz gelingen kann, sind für sie mehrere Merkmale zu beachten: Kommunikation, Verstehen, Selbstbeschreibung und Wiederbeschreibung, Partizipation, Motivation, „Der/die Einzelne und das Ganze der Organisation", Reflexion, Reflexivität, Führung, Kooperation und „Vertrauen in Führung und Kooperation" (vgl. ebd., S. 113ff.). Diese wurden hier aufgezählt, um zu zeigen, wie viele Aspekte es über formale Regeln hinaus zu beachten gibt, wenn es um Organisationen und Qualität geht. In den Merkmalen spiegelt sich eine Anerkennung dessen wider, dass Vieles im informellen Regelsystem verläuft, da sie selbst Aspekte repräsentieren, die sich formal nicht erreichen oder steuern lassen. Aus diesem Grund plädiert neben Zech und Dehn auch Merchel dafür, dass jede Organisation ein individuelles Konzept des Qualitätsmanagements braucht. Ein Managementkonzept, welches auf die interne Organisationskultur abgestimmt ist (vgl. 2013, S. 16). Wird die Relevanz vor Organisationen nicht berücksichtigt, „würde die auf der konzeptionellen und methodischen Ebene sichtbaren Professionalisierungsoptionen des Qualitätsthemas für die Soziale Arbeit in der praktischen Dimension des Alltags allzu leicht wieder zunichte [gemacht]" (Merchel 2004, S. 151). Organisationen stehen in direkter Verbindung zur Erbringung von Qualität. Inwiefern die Potenziale der Qualitätsentwicklung und Professionalisierung in Organisationen gestärkt werden können, wird im Kapitel 8.2 thematisiert.

3. Die Herausforderungen und Potenziale des Qualitätsdiskurses

Ziel dieses Kapitel ist es, durch die kritische Betrachtung der vorherigen Kapitel, Bezugspunkte des Qualitätsdiskurses herauszustellen, an denen die Komplexität dessen gebündelt dargestellt wird. Außerdem zeigt sich durch die verschiedenen Bezugspunkte, wie wichtig und herausfordernd der Qualitätsdiskurs ist und welche wesentlichen Aufgaben und zugleich Potenziale darin liegen.

Ungleiche Beteiligungschancen
Qualität tangiert viele verschiedene Parteien, die unterschiedliche Beteiligungschancen besitzen. Die triftigsten Entscheidungen darüber, welche Leistungen in welchem Ausmaß angeboten werden, treffen und finanzieren Jene, die nicht darauf angewiesen sind, sie in Anspruch zu nehmen (vgl. B. Müller 2004, S. 200). Obwohl die Qualitätspolitik suggeriert, sich an Bedürfnissen der Nutzer_innen zu orientieren, haben diese kaum Mitwirkungsmöglichkeiten am Sozialmarktgeschehen (vgl. Dahme, Wohlfahrt 2015, S. 1285). Darin liegt ein unabweisbares Machtgefälle. An der Stelle bedarf es einen sensiblen und nicht bevormundenden Umgang gegenüber den Menschen, deren Situation nach diesem Machtgefälle die Nachteiligere ist. Es gilt ständig zu prüfen, vor und mit wem unter welchen Bedingungen über Qualität gesprochen oder sogar aushandelt wird.

Betriebswirtschaftliche Technologien im sozialen Kontext
Im Zuge der Neuen Steuerung und diversen Qualitätsmanagementsystemen überwiegt in der Sozialen Arbeit derzeit eine Techniklastigkeit, die dem sozialen Kontext menschlichen Handelns nicht gerecht wird (vgl. Zech, Dehn 2017, S. 26). Menschen lassen sich wie Organisationen nicht formal planen oder steuern. Hans-Ullrich Krause und Regina Rätz-Heinisch unterstreichen, dass „seit Einführung des KJHG [Kinder- und Jugendhilferecht] /SGB VIII [Achtes Sozialgesetzbuch] sowie von modernen Organisationsent-

wicklungstheorien in die Soziale Arbeit und der Umsetzung von Qualitätsentwicklungsansätzen" sich das Verhältnis zwischen professionellen und betroffenen Personen geändert hat. Sozialarbeiter_innen wurden zu Leistungserbringer_innen und ‚Betroffene' zu Leistungsberechtigten oder Leistungsempfänger_innen (vgl. 2009, S. 14). Anhand des Beispiels des ökonomisch geprägten Vokabulars, welches an vielen Stellen zu finden ist, lässt sich verdeutlichen, wie technisch die Soziale Arbeit umgedeutet wurde (Merchel 2013, S. 14).

Immaterialität als Ergebnis sozialer Dienstleistungen

Daran anknüpfend muss darauf eingegangen werden, dass die Ergebnisse sozialer Dienstleistungen sich durch eine Immaterialität auszeichnen, die nach Ablauf der Leistung nicht vorzeigbar ist (vgl. ebd., S. 79). Dieser Punkt relativiert den Aspekt der Transparenz und Nachweisbarkeit von personenbezogenen Leistungen. Es besteht die sozialpolitische Forderung danach, Leistungsnachweise zu erbringen. Grundsätzlich ist der Idee dahinter, Leistungen zu verbessern und deren Qualität weiter zu entwickeln nichts entgegen zu setzen. Dennoch muss berücksichtigt werden, dass in der Sozialen Arbeit nicht messbare Mechanismen existieren und wirken (vgl. DGQ 2016, S. 39). Folglich lässt sich die Forderung formulieren, „[d]ie Nichtdeterminiertheit, die Unbestimmtheit [und] die Offenheit der Situationen" nicht als Hindernis anzuerkennen, sondern als „Voraussetzung des Gelingens, was immer die Möglichkeit des Misslingens einschließt" (Zech, Dehn 2017, S. 22).

Wettbewerb entgegen fachlicher Qualität Sozialer Arbeit

Konkurrenz und Wirtschaftlichkeit haben sich im Feld der Sozialen Arbeit inzwischen ‚erfolgreich' etabliert. Rose markiert, dass „auf dem Sozialmarkt um knappe Mittel und um die Klientel konkurriert werden [muss]" (2004, S. 215). Unter diesen Bedingungen kann keine Fachkraft der Sozialen Arbeit im Sinne des professionellen Anspruchs arbeiten, ihre Arbeit so zu leisten, dass ihre Hilfe nach Ablauf der Leistung langfristig nicht mehr benötigt wird. Den beschriebenen betriebswirtschaftlichen Entwicklungen im Qualitätsmanagement halten Dehn und Zech entgegen, dass die Qualität personenbezogener Dienstleistungen in Bildung, Beratung und Sozialer Arbeit sich aus der inneren ethischen Normativität einer an und mit Menschen vollzogenen Arbeit begründen sollte und nicht aus Wirtschaftlichkeitserwägungen oder Prozesseffizienzkriterien (vgl. 2017, S. 30). Seithe konstatiert, dass eine kritiklose Übertragung betriebswirtschaftlichen Denkens auf Bereiche der Sozialen Arbeit die Gefahr in sich trägt, die Spezifik der Arbeit zu ignorieren und darüber auch die fachliche Qualität zu unterlaufen (vgl. 2007, S. 585f.). Vor diesem Hintergrund erscheint die besondere Herausforderung, sich als Profession gegenüber der Sozialpolitik zu behaupten und sich nicht andersherum zu beugen. Darin lässt sich wiederum auch ein Potenzial erkennen. Die sozialpolitischen Legitimationsanforderungen bergen eine Möglichkeit, sich professionsintern der fachlichen Legitimation selbst zu vergewissern, ob mit verfolgten Zielen, praktizierten Vorgehensweisen und vorzuweisenden Ergebnissen nach wie vor angemessen umgegangen wird. Darüber ergibt sich eine, die formalen Anforderungen übersteigende Transparenz und ermöglicht fachlich angemessene Neuausrichtungen. In diesem Sinne trägt der Qualitätsdiskurs ein professionsstärkendes Potenzial (vgl. Merchel 2013, S. 35).

Gleichzeitig ist der Profession Soziale Arbeit eine weitere Herausforderung zuzuschreiben. Die Neue Steuerung implementierte eine dezentral verteilte Fach- und Ressourcenverantwortung auf der Verwaltungsebene. Damit wurde die Idee flacher Hierarchien verfolgt. Mit sich brachte sie dadurch notwendige Spezialisierungen einzelner Fachkräfte auf bestimmte Organisationsbereiche, die nach Rose mit spezifischen Zuständigkeiten zusammenhängen. Zuständigkeiten wirken der Allzuständigkeit von Sozialarbeiter_innen allerdings deprofessionalisierend entgegen (vgl. Rose 2004, S. 216).

Professionelle Haltung

Verbleibend bei der Profession Sozialer Arbeit kommt hier der Aspekt der Haltung derer, die sie ausüben hinzu. Merchel weist darauf hin, dass diese nicht „in den Qualitätselementen Struktur, Prozeß und Ergebnis" aufgehen, allerdings entscheidend für das Entstehen von Qualität sind (vgl. 1998, S. 33). Hier ist demnach ein Handlungsbedarf festzustellen.

Verbindung von Fachlichkeit und Sozialpolitik

Eine weitere Herausforderung und zeitgleich ein wichtiges Potenzial der Qualitätsdebatte wird ebenfalls von Merchel benannt und besteht aus der Verbindung zwischen der fachlichen und sozialpolitischen Debatte, die durch den Einzug des Qualitätsthemas in den Sozialgesetzbüchern eröffnet wurde (vgl. 2013, S. 32f.). Daraus lassen sich sinnvolle Kooperationen und fachlich-reflektierte Veränderungsmöglichkeiten schöpfen. Wenn die Diskussion jedoch dahingehend ausschlägt, dass Qualitätsfragen ausschließlich organisationsintern gelöst werden sollen, droht sich die Debatte zu entpolitisieren:

> „[N]ämlich dann, wenn die Betrachtung von Qualität einzig auf die Ebene der einzelnen Organisation verlagert und die Qualitätsfrage lediglich dort verankert wird. Die politische Steuerungsverantwortung droht dann partiell aufgelöst zu werden in dem Verweis auf die Verantwortlichkeit der einzelnen Organisationen für die in ihnen realisierte Qualität." (Merchel 2013, S. 33)

Hierfür ist es wichtig, Kooperationsstrukturen zu integrieren, die den Austausch zwischen der sozialpolitischen und fachlichen Ebene stabilisieren, damit es nicht zu unangemessenen Verlagerungen von Verantwortlichkeiten kommt.

Zusammenfassend lässt sich festhalten, dass sich das gesamte Thema Qualität zwischen betriebswirtschaftlichen Vorgehensweisen, die auf naturwissenschaftlichen Erkenntnissen beruhen, austarieren muss gegenüber dem, was sich auf die Besonderheiten Sozialer Arbeit angemessen übertragen lässt, da diese nicht nach naturwissenschaftlichen Gesetzen funktioniert. Dies stellt für die Profession der Sozialen Arbeit sowohl eine sozialpolitische Legitimationsherausforderung als auch ein professionsstabilisierendes Potenzial dar.

4. Der Qualitätsdialog

Im Kapitel 2 wurde im Rahmen der Definition von Qualität bereits der ihr innewohnende dialogische Prozesscharakter erwähnt. Daran anschließend soll an dieser Stelle der Qualitätsdialog, der die Charaktermerkmale dialogisch und prozesshaft repräsentiert, als Beispiel dafür herangezogen werden. Nach Ulrich Deinet, Marco Szlapka und Wolfgang Witte gilt der Qualitätsdialog als ein modernes und innovatives Instrument zur Qualitätsentwicklung. Sie sehen darin einen positiven Gegenpol gegenüber technokratischen Verfahren, die in der Sozialen Arbeit angewandt werden (vgl. 2008, S. 9). Darüber hinaus erfüllt er die sozialpolitische Forderung des Achten Sozialgesetzbuches (SGB VIII) nach §§ 79 Absatz 2, Nummer 2 und 79a Satz 1 zur kontinuierlichen Qualitätsentwicklung, Anwendung und Überprüfung der Qualität im Bereich der Kinder- und Jugendhilfe. Wichtig zu betonen ist hierbei, dass darüber die Verantwortung dessen sozialrechtlich festgehalten ist. Die Verantwortung liegt somit auf der sozialpolitischen Ebene und der Fachebene. Das Thema Qualität muss behandelt werden. Daraus ergibt sich für betroffene Personen ein Rechtsanspruch auf Qualität und Qualitätsentwicklung.

Gegenwärtig wird der Qualitätsdialog an verschiedenen Stellen des sozialen Hilfesystems angewendet[15]. Je nach Bereich sind

---

[15] Hier wird beispielhaft verwiesen auf:
- die Universität Rostock (2012): Einführung vom Qualitätsdialog um Qualität von **Lehre** und **Forschung** zu verbessern: https://www.rostock-heute.de/projektvorstellung-qualitaetsdialog-universitaet-barocksaal/37971
- die Pädagogische Hochschule Freiburg mit dem Projekt „Einführung eines ‚Strukturierten Qualitätsdialogs ‘ in der **Reha.**" Projekt endet am 30.04.2020. https://www.ph-freiburg.de/institut-fuer-alltagskultur-bewegung-und-gesundheit/fachrichtungen/gesundheitspaedagogik/forschung/projekte/sqd.html
- Seikkula, J./Arnkil, T.-E. (2011): Dialoge im Netzwerk – Neue Beratungskonzepte für die **psychosoziale Praxis**. Neumünster.
- der **Familienbildung** NRW: https://familienbildung-in-nrw.de/familienbildung/

unterschiedliche Personengruppen, wie z.B. Betroffene, Angehörige, Unterstützer_innen, Fachkräfte, politische Vertreter_innen, etc. am Verfahren beteiligt (vgl. Kuhn 2017, S. 192). In dem vorliegenden Beitrag geht es um den kommunalen Qualitäts- und Wirksamkeitsdialog, welcher als Teil der Jugendhilfeplanung im Bereich der Offenen Kinder- und Jugendarbeit (OKJA) zu verorten ist (vgl. Deinet 2013, S. 523). Was diesen betrifft, stellte sich die Auswahl an unterschiedlichen Autor_innen sehr begrenzt dar, weshalb sich in den Quellenangaben überwiegend auf die Präsentesten bezogen wird (Deinet und die Projektgruppe WANJA). Diese erweisen sich auf Grund ihrer intensiven Auseinandersetzung mit dem Qualitätsdialog als dafür besonders geeignet. In ihren Veröffentlichungen verwenden sie den Begriff Wirksamkeitsdialog, welcher allerdings synonym zum Qualitätsdialog verstanden werden kann. Um es einheitlich und überschaubar für den gesamten Beitrag zu halten, wird hier nur die Bezeichnung Qualitätsdialog gewählt. Grundsätzlich stellt der Qualitätsdialog in seiner idealisierten Form ein kontinuierliches Kreislaufverfahren dar (vgl. ebd., S. 526), welches nun im folgenden Kapitel beschrieben werden soll.

4.1 Das Verfahren

Die Grundideen des Qualitätsdialoges bestehen aus einem kommunikativen Austausch über die Steuerung, Planung, Konzeptentwicklung, Transparenz und Legitimation im Bereich Qualität der OKJA (vgl. Deinet 2013, S. 523). Verfolgt wird dabei das Ziel, die Kinder- und Jugendhilfe in zweierlei Hinsicht weiter zu entwickeln. Angestrebt ist zunächst eine fachlich-qualitative und daran anknüpfend eine politische Weiterentwicklung. Um das Arbeitsfeld jedoch nicht zu politisieren und der Fachlichkeit nicht entgegen zu wirken, soll beides getrennt voneinander organisiert werden. Eingesetzt wird dafür auf fachlicher Ebene eine Moderationsgruppe und auf politischer Ebene eine Steuerungsgruppe (vgl. WANJA 2000, S. 272f.). Die Moderationsgruppe setzt sich aus fach-

---

- das Nationale Zentrum Frühe Hilfen: Qualitätsdialoge **Frühe Hilfen**. Projekt endet am 31.03.2021:https://www.fruehehilfen.de/qualitaetsentwicklung-fruehehilfen/qualitaetsdialoge-fruehe-hilfen/

lich qualifiziertem Personal aus einer möglichst weiten Bandbreite aus unterschiedlichen Arbeitsfeldern der Kinder- und Jugendhilfe zusammen. Ihre Aufgabe ist es, den Prozess fachlich zu begleiten, zu koordinieren, Qualitätsberichte und Gespräche auszuwerten und Ergebnisse an die Steuerungsgruppe weiter zu tragen. Die Steuerungsgruppe besteht aus Vertreter_innen kommunalpolitischer Parteien, des Jugendamtes, der freien Träger und informierten Personen der Zivilgesellschaft und gilt als „Untergruppe des Jugendhilfeausschusses" (vgl. ebd., S. 274). Ihr wird der Auftrag zuteil, die inhaltlichen Ergebnisse kommunalpolitisch zu verwirklichen und die Kontinuität des Qualitätsdialoges sicher zu stellen und zu managen. Die Moderationsgruppe wird von der Steuerungsgruppe einberufen (vgl. ebd.). Der Hauptauftrag des gesamten Verfahrens des Qualitätsdialoges liegt nach Deinet darin, den „Dialog zwischen Einrichtungen, Trägern, dem Jugendamt und der jugendpolitischen Steuerung, um gemeinsam die Wirkungen und die Ausrichtung der OKJA zu entwickeln" zu führen (2013, S. 524). Ein wichtiges Element dabei ist, einrichtungs- und trägerübergreifend einen Überblick über alle Aktivitäten der OKJA innerhalb einer Kommune zu erlangen (vgl. ebd.). Dazu wurde u.a., neben den üblichen Jahresberichten, ein einheitliches kommunales Berichtswesen eingeführt, worüber quantitative und qualitative Daten in Bezug darauf, welche soziale Struktur und welchen sozialen Raum die Angebote der jeweiligen Einrichtung erreichen, erhoben werden (vgl. Deinet 2013, S. 523f.). Diese Form des Berichtswesen wird als Strukturdatenerhebung bezeichnet. Die Qualitätsberichte werden laufend von der Moderationsgruppe initiiert, begleitet und organisiert (vgl. WANJA 2000, S. 274). Um Transparenz und Vergleichbarkeit zu schaffen, werden die Berichte den Trägern, Einrichtungen und der Steuerungsgruppe der Kommune zur Verfügung gestellt. Mit jedem Bericht ist ein daran anschließendes Rückmeldegespräch, welches Teil des Kontraktmanagements ist, zwischen Fachkräften der Einrichtung und einer Person des öffentlichen Trägers und/oder des Jugendamtes und Teilen der Moderationsgruppe verbunden. Darin geben sich die beteiligten Akteur_innen gegenseitig Rückmeldung über Berichtsinhalte und es werden Zielvereinbarungen für das nächste Jahr ausgehandelt. Die Ergebnisse des Gesprächs werden in Kernaussagen festgehalten (vgl. ebd., S. 527f). Die Moderationsgruppe erhält alle Qualitätsberichte und alle erarbeiteten Kernaussagen aus den Rückmeldegesprächen. Daraufhin lädt sie zu einer Fachkonferenz ein, bei der über die fachlich-inhaltliche Weiterentwicklung der OKJA debattiert werden kann. Im Anschluss daran fasst die Moderationsgruppe Wesentliches zusammen und spricht der Steuerungsgruppe eine Handlungsempfehlung aus (vgl. WANJA 2000, S. 277). Die Steuerungsgruppe verfolgt daraufhin die konkrete politische Umsetzung. Damit geht die Erarbeitung von Handlungskonzepte einher, die durch sie im nächsten Schritt an den Jugendhilfeausschuss und an alle Beteiligten der Jugendhilfeplanung heranzutragen sind. An dieser Stelle schließt sich der Kreis des Qualitätsdialoges und das Verfahren beginnt von Neuem.

Deinet differenziert, dass der Qualitätsdialog auf verschiedenen Ebenen stattfinden kann. Durchgeführt werden kann er auf den Ebenen zwischen Einrichtungen der OKJA, zwischen Vertreter_innen der Träger und des Jugendamtes und, als dritte Ebene, zwischen Kommunalpolitiker_innen und Fachleuten des Feldes (vgl. 2013, S. 524f.). Weiter zeigt Deinet, dass in jedem Qualitätsdialog verfahrensintern ebenfalls unterschiedliche Ebenen durchlaufen werden. Es zeichnen sich hier zwei Dimensionen von Ebenen ab. Zum einen, die gerade benannten, die die Akteurs-Ebenen darstellen, zwischen denen ein Qualitätsdialog geführt werden kann. Zum anderen die nun vorgestellten Ebenen, die _innerhalb_ eines Verfahrens des Qualitätsdialoges durchlaufen werden. Dies ist z.B. die Ebene der Einrichtungen selbst. Hinzu kommt die Ebene des Dialoges, auf welcher der tatsächliche Austausch stattfindet und als dritte und letzte Ebene, die der Kommune, zwecks politischer Verantwortung, Steuerung und Umsetzung. Jede dieser drei Ebenen zeichnet sich durch spezielle Aktivitäten aus. Das Berichtswesen ist ein Element der Einrichtungsebene, die Rückmeldegespräche ein Element der Dialogebene. Auf der Kommunalebene verzeichnen sich die Aktivitäten, die bis in den Jugendhilfeausschuss hineinreichen und der Gesamtbericht der Moderationsgruppe, der jegliche Daten, Ziele und Ergebnisse festhält (vgl. ebd., S. 526). Je nach Ebene lässt sich feststellen, dass der Qualitätsdialog eher danach ausgerichtet ist, die Qualität einer Einrichtung zu evaluieren oder, einrichtungs – und trägerübergreifend, die fachliche und politische Weiterentwicklung der OKJA zu steuern (vgl. ebd., S. 528). Die Projektgruppe WANJA zeigt auf, dass es innerhalb des Qualitätsdialoges gegenläufige Prozesse geben kann. Zum einen zählt dazu der ‚bottom-up'-Prozess. Ein Prozess, der von ‚unten nach oben' verläuft. Ein solcher Verlauf trifft auf den oben ausgeführten Qualitätsdialog zu. Welche fachliche und politische Weiterentwicklung des Arbeitsfeldes angestrebt wird, findet in mehrmaliger Aushandlung statt. Zum anderen zählt der ‚top down'-Prozess dazu, einer, der von ‚oben nach unten' angeordnet wird. Dies wäre der Fall, wenn beispielsweise unmittelbar nach den Qualitätsberichten die Ebene der Einrichtungen zur Umsetzung von vorgeschriebenen jugendhilfepolitischen Zielen, gekoppelt an neue Handlungskonzepte, aufgefordert werden würden. Im Vordergrund steht dabei die politische Steuerung ‚von oben' (vgl. 2000, S. 276f.). Mit den beiden unterschiedlichen Prozessverläufen ist gemeint, dass Qualitätsdialoge auf den unterschiedlich benannten Ebenen geführt werden und sie sich z.B. über Berichte, Kernaussagen, Zielformulierungen jeweils bis in die anderen Ebenen auswirken (vgl. Deinet 2008, S. 126). Unterscheiden kann sich dabei, von welcher Ebene aus der Prozess initiiert und maßgeblich gesteuert wurde. Daraus ergibt sich häufig ein Spannungsfeld zwischen Vertreter_innen der Fachlichkeit und der Politik, wenn z.B. das Maß an Beteiligung der Einrichtungen mit dem Maß der politischen Steuerung in ein Ungleichgewicht gerät oder drängende Forderungen der Fachkräfte politisch über einen längeren Zeitraum nicht realisiert werden (vgl. ebd.).

Obiges zusammenführend zeigt sich, dass der Qualitätsdialog innerhalb des Hilfesystems der Kinder- und Jugendhilfe zwei Dimensionen an verschiedenen Ebenen abdeckt, dies jedoch jeweils für sich nicht frei von Widersprüchen und Spannungen verlaufen muss.

Das Thema der Beteiligung in den Mittelpunkt stellend, ist darauf hinzuweisen, dass am Prozess des kommunalen Qualitätsdialoges ausschließlich Mitarbeitende der Einrichtungen als Leistungserbringer_innen, die politische Ebene als Leistungsträger und die öffentlichen und freien Träger in teilweise beiden Funktionen beteiligt sind (vgl. Kuhn 2017, S. 192). Die Einbeziehung und Partizipation von sogenannten ‚Leistungsempfänger_innen', in dem Fall Kinder und Jugendliche oder stellvertretend für sie ihre Erziehungsberechtigten, wird von Deinet und Icking lediglich als Handlungsempfehlung auf Einrichtungs- und Kommunalebene angeführt und darüber hinaus nicht thematisiert (vgl. 2008, S. 108; Deinet 2008; Deinet 2013). Die Projektgruppe WANJA führt zum Thema ‚Nutzer_innenorientierung' an, dass nicht bloß Methoden der Sozialraumanalyse und der responsiven Evaluation angewendet werden sollten, sondern auch „Formen der direkten Beteiligung entwickelt und erprobt" werden sollten (vgl. 2000, S. 269). Im weiteren Verlauf ihrer Beschreibungen über das Verfahren und die Instrumente des Qualitätsdialoges (Qualitätsbericht) werden allerdings keine weiteren Überlegungen zu Formen der Beteiligung erwähnt (vgl. ebd., S. 267 – S. 311). Herausgestellt wurde dies im Hinblick auf das Argument von B. Müller, welches aussagt, dass das Gelingen eines Qualitätsdialoges davon abhängt, ob er von Beteiligten gewollt ist oder nicht (vgl. 2004, S. 203). Vor dem Aspekt der Koproduktion, die in der Sozialen Arbeit ein Merkmal von Qualität ausmacht (siehe Kapitel 2), müssten vor diesem Hintergrund besondere Formen der Beteiligung am Qualitätsdialog verstärkt in den Blick genommen und tatsächlich umgesetzt werden.

4.2 Der Weg der Implementierung

Dieses Kapitel zielt darauf ab, in Kürze die historische Entwicklung und den derzeitigen Forschungsstand des Qualitätsdialoges aufzuzeigen. Zuerst wird dafür auf die wissenschaftliche Rahmung des Instrumentes eingegangen. Bei der Literaturrecherche fiel als älteste und somit erste Forschungs- und Entwicklungsarbeit in Deutschland die bereits erwähnte Projektgruppe WANJA auf (vgl. 2000). Beide WANJA-Projekte wurden durch das Ministerium für Arbeit, Gesundheit und Soziales des Landes NRW in Auftrag gegeben. Als Reaktion auf den damals neuen Landesjugendplan Nordrhein-Westfalens (NRW) und den darin als verpflichtend aufgeführten Qualitätsdialog, nahm es sich die Projektgruppe zur Aufgabe, diesen fachlich und methodisch weiter zu entwickeln, da er sich zu der Zeit noch in der Planungs- und Konzeptionalisierungsphase befand (vgl. WANJA 2000, S. 11f.). Ihr erstes Projekt verlief von 1997 bis 1999, das Folgeprojekt von 2000 bis 2002 (vgl. Uni Siegen 2008). Im Rahmen der Forschungsprojekte veröffentlichten sie im Jahr 2000 das „Handbuch zum Wirksamkeitsdialog in der Offenen Kinder- und Jugendarbeit" und im Jahr 2002 einen Abschlussbericht zur wissenschaftlichen Begleitung des Modellversuchs des Qualitätsdialoges (vgl. Ministerium für Kinder, Familie, Flüchtlinge und Integration NRW). Eine weitere Studie zum Stand von Qualitätsdialogen in NRW fand in den Jahren 2003 bis 2005 unter der Leitung von Deinet und Icking statt. Sie untersuchten 16 Jugendämter in NRW, die den Qualitätsdialog bereits anwendeten und erarbeiteten weitere Handlungsempfehlungen zur Einführung des Verfahrens für Kommunen bundesweit. Zu dem Zeitpunkt war die Implementierung des Qualitätsdialoges nicht mehr verpflichtend, sondern die Entscheidung dafür liegt inzwischen bei jeder Kommune selbst (vgl. Deinet, Icking 2008, S. 10). Die Ergebnisse veröffentlichen sie 2008 in dem Buch „Qualität durch Dialog" (vgl. S. 15ff.). Als wichtige Erkenntnis festzuhalten ist, dass sich zeigte, dass die Qualitätsdialoge das Feld der OKJA auf kommunaler Ebene überwiegend positiv beeinflussen und fachlich voranbringen, weshalb sie weiteren Kommunen die Einführung solcher Dialoge nahelegen (vgl. ebd., S. 17). Eine ebenso wichtige Erkenntnis ist, dass Versuche, Qualitätsdialoge auf landespolitischer und landesweiter Ebene zu implementieren, sich als stagnierend oder nicht vorhanden herausstellten (vgl. ebd.). Als dritte wichtige Feststellung ist zu vermerken, dass sich Qualitätsdialoge erst als Qualitätsentwicklungsmaßnahme eignen, wenn die Kommune bereits ein Berichtswesen eingeführt hat. Dies traf 2004 auf ca. 80% der Jugendämter in NRW zu (vgl. ebd., S. 15). Inspiriert durch die Projektgruppe WANJA, entstand 2001 in Berlin ein nächstes Modellprojekt zur Qualitätsentwicklung. 2004 wurde berlinweit die Einführung ihres entwickelten Handbuchs zum Qualitätsmanagement beschlossen[16]. In Auftrag gegeben wurde das Projekt durch „die Berliner Arbeitsgemeinschaft Berliner Öffentliche Jugendhilfe (AG-BÖJ), in der die Leitungen der Berliner örtlichen, bezirklichen Jugendämter und der für Jugend zuständigen Senatsverwaltung vertreten sind" (Witte, Arlt 2008, S. 171). Der Fokus wurde vor allem auf das Qualitätsmanagement und das Berichtswesen als bedeutende Elemente kommunaler Qualitätsdialoge gelegt (vgl. ebd., S. 169ff.)[17].

Als aktuellste für mich auffindbare Informationen über den Qualitätsdialog im Bereich der OKJA gibt es Zahlen des Landschaftsverband Rheinland. Im zweiten Jugendhilfereport aus dem Jahr 2018 veröffentlichten sie, dass seit 2002 der Qualitätsdialog ein „etabliertes Instrument der Qualitätsentwicklung" in NRW ist (vgl. S. 9). Darüber hinaus führen sie an, dass „sich im Berichtsjahr 2013 von den 186 befragten Jugendämtern in NRW 141 Jugendämter (75,8 Prozent) [an der Strukturdatenerhebung beteiligt haben]" (ebd.). Strukturdatenerhebungen beinhalten Zahlen, Daten und Fakten aus den Qualitätsberichten und gehören somit zum Prozessablauf eines Qualitätsdialoges. Demnach wendeten 2013 141 Jugendämter das Instrument Qualitätsdialog an.

Darüber hinaus gibt es seit 2008 mir keine weiteren bekannten Forschungsprojekte zum kommunalen Qualitätsdialog. Interessant daran festzustellen ist, dass nach der Implementierung scheinbar entweder keine oder kaum ‚Entwicklungsforschungen' angestellt werden. Es scheint, dass die Wissenschaft inzwischen nicht mehr in vollem Umfang ihrer Möglichkeiten in den Prozess eingebunden wird. An dieser Stelle zeigt dieser Beitrag einen Handlungsbedarf. Auch ist es mir nicht möglich, Auskunft darüber zu geben, inwie-

---

[16] Senatsverwaltung für Bildung, Jugend und Sport (2004): Handbuch Qualitätsmanagement der Berliner Jugendfreizeitstätten. Modellprojekt Qualitätsentwicklung der Berliner Jugendarbeit. Berlin. http://www.spinnenwerk.net/downloads/download/QM_Handbuch.pdf

[17] Für Berlin finden sich viele Dokumentationen von aktuellen Qualitätsdialogen, beispielhaft dafür: „Qualitätsdialog. Partizipation in Mutter/Vater-Kind-Einrichtungen - Was sagen die Mitarbeitenden dazu? Ergebnisse der Befragung im Dialog." (2017),
https://www.stephanus.org/fileadmin/user_upload/Standorte/Einrichtungen_GB_Kinder_Jugend_und_Familie/dokumentation_qualitaetsidalog.pdf

fern sich weitere Bundesländer gegenüber der Implementierung des Qualitätsdialoges verhalten.

4.3 Zum Dialog im Qualitätsdialog

Zentral für dieses Kapitel ist die Frage danach, wie dialogisch der Qualitätsdialog ist. Nachdem ausführlich thematisiert wurde, wie bedacht mit dem mannigfaltigen Begriffsverständnis von Qualität umgegangen werde muss, soll an dieser Stelle das Verständnis des Dialoges im Qualitätsdialog untersucht werden.

Erneut Merchel heranziehend, verweist dieser in seiner Definition auf die Beschaffenheit des Qualitätsbegriffs, die nach ihm eine Dialogische ist. Mit dieser Aussage verbindet er das Qualitätsmanagement mit dem Qualitätsdialog, da sich beide auf die „Konstruktion von Bewertungsmaßstäben für die Qualität wie auf die Verfahren der Qualitätsbewertung beziehen müssen" (vgl. 2013, S. 44). Die Projektgruppe WANJA führt an, dass der Qualitätsdialog dem ‚dialogischen Prinzip' unterliegt, welches für sie eine Schlüsselrolle einnimmt. Dies beinhaltet aus ihrer Sicht „das Prinzip der kommunikativen Aushandlung von Zielen, Standards und Verfahrensweisen" zwischen allen Beteiligten (vgl. 2000, S. 269). Bei Deinet und Icking wurde die Dialogebene angeführt. Auf der Dialogebene finden alle Aktivitäten der Begegnung, des fachlichen Austauschs und der Diskussion, wie z.B. in den Rückmeldegesprächen oder der Fachkonferenz statt (vgl. 2008, S. 11). Das Verständnis der dialogischen Beschaffenheit erscheint hier eine ähnliche wie bei der Projektgruppe WANJA zu sein, worin sich das Dialogische explizit auf die kommunikative Aushandlung von Qualität bezieht, darüber hinaus jedoch abstrakt bleibt.

Dem ließe sich entgegenhalten, dass die genannten Autor_innen den Prozessabläufen innerhalb des Qualitätsdialoges einen erheblicheren Anteil an Beachtung zukommen lassen, als der Aushandlung über Qualität an sich, die eine Kommunikative sein soll. In Anbetracht dessen, dass sie als elementar erachtet wird, desgleichen wie die mindestens wünschenswerte Beteiligung von verschiedenen Interessengruppen, erscheint die thematische Relation unverhältnismäßig. Dem strukturellen Rahmen kommt mehr Beachtung zu. Meines Erachtens wirft das die Frage auf, aus welchem Grund keine Art und Weisen der Kommunikation erwähnt werden, wobei eben diese das „Hauptwerkzeug der zwischenmenschlichen Beziehungen" darstellt (vgl. Day 1976, S. 15). Dem Qualitätsdialog, der das Ziel hat, die OKJA fachlich und politisch zu Gunsten der Zielgruppen qualitativ weiter zu entwickeln, kommt damit eine bedeutende Rolle zu. Das ‚Wie' der Kommunikation entscheidet über das ‚Was' an Prozessen. Diese These wird an anderer Stelle ausführlicher bearbeitet (siehe Kapitel 6.2; 7).

Deutlich wird, dass sich Autor_innen, die sich mit dem Qualitätsdialog auseinandersetzen, sich dabei überwiegend dem Thema Qualität zuwenden. Zu Formen der Beteiligung, der Kommunikation miteinander oder eben des Dialogs ist vergleichsweise wenig vorzufinden. Die bevorstehende Beschäftigung mit dem Dialog in diesem Beitrag kommt einer Annäherung daran nach, ob sich eine thematisch veränderte Ausrichtung im Hinblick auf das Qualität-*Dialog*-Verhältnis im Qualitätsdialog als erstrebenswert abzeichnet.

5. Herausforderungen und Potenziale des Qualitätsdialogs

Dieses Kapitel dient der kritischen Auseinandersetzung mit dem Verfahren des Qualitätsdialoges. Zu diesem Zweck werden sowohl Herausforderungen als auch Potenziale dessen herausgestellt.

Der Qualitätsdialog ist ein Beispiel dafür, aufzuzeigen, inwiefern sich das ausgeführte Spannungsverhältnis zwischen Sozialpolitik und Profession Sozialer Arbeit in Bezug auf das Thema Qualität auf kleinerer, kommunalpolitischer Ebene zeigt.

Der Qualitätsdialog und das Neue Steuerungsmodell
Grundlegend und den Qualitätsdiskurs aufgreifend, wird zunächst darauf verwiesen, inwiefern der Qualitätsdialog in wesentlichen Aspekten den Anforderungen des Neuen Steuerungsmodells gerecht wird. Anzuführen ist dabei das einheitliche Berichtswesen in den Kommunen, worüber neben transparenten Nachweisen über Leistungen auch Vergleichbarkeit geschaffen wird. Was im Qualitätsdialog als ‚dynamisch' bezeichnet wird (vgl. Deinet 2008, S. 129ff.), unterstützt im Neuen Steuerungsmodell den Aspekt des sozialwirtschaftlichen Wettbewerbs. Überdies schließt sich der Qualitätsdialog der Einführung eines Kontraktmanagements an. Teile davon sind die Rückmeldegespräche und die daran anknüpfenden Zielvereinbarungen. Die Fach- und Ressourcenverantwortung verteilt sich dezentral auf die von Fachkräften ausgefüllten Qualitätsberichte, die Anwesenden in den Rückmeldegesprächen, die unterschiedlichen Fachvertreter_innen der Moderationsgruppe und die kommunalpolitisch durchmischte und gremien- oder ausschussübergreifende Zusammensetzung der Steuerungsgruppe.

Wem nützt der Qualitätsdialog?
Eine sich abzeichnende Problematik, die vor dem Qualitätsdialog zu sehen ist, liegt im Nutzen, der sich dahinter verbirgt. Im beschriebenen ‚top down'-Prozess konnte dargestellt werden, dass der Kontrollnutzen überwiegt. Daten und Informationen der Qua-

litätsberichte werden als Legitimation und Transparentmachung des Feldes der OKJA verwendet und auf dieser Grundlage werden, ohne Aushandlung mit den Einrichtungen, neue kommunalpolitische Vorgaben eingeführt. Gehen damit auch Steuerungen über finanzielle Ressourcen einher, kann dies Spannungen zwischen der Fach- und Politikebene verhärten (vgl. Deinet, Icking 2008, S. 16). Der Nutzen liegt hier in der Qualitätsüberprüfung, um sich darüber vor sozialpolitischen Vorgaben, die sich im Neuen Steuerungsmodell und für die OKJA im SGB VIII manifestieren, abzusichern und zu rechtfertigen. Verbunden mit dem bereits angeführten Argument von B. Müller, dass sich die Ergebnisse eines Qualitätsdialoges nur erfolgreich umsetzen lassen, wenn sie von Beteiligten, also auch von Fachkräften gewollt sind, besteht darin noch die Aufgabe, den Nutzen für alle Beteiligten reizvoll zu gestalten.

Ungleiche Beteiligungschancen

Daraus folgt eine direkt daran anschließende Herausforderung, nämlich die, der ungleichen Beteiligungschancen. B. Müller verweist auf die bestehende Verwaltungshierarchie und die Tatsache, dass die geldgebende Instanz im Zweifel immer über mehr Macht und Entscheidungsgewalt verfügt als die ausführende Fachebene (vgl. 2004, S. 204). Dieses Ungleichheitsverhältnis spiegelt sich in den Aushandlungen über Qualität und speziell im Qualitätsdialog wider, welcher somit nicht auf Augenhöhe geführt werden kann. Bei der Ausarbeitung der Ziele und Ergebnisse solcher Qualitätsaushandlungen muss dies mit beachtet werden.

Berichtswesen zum Erfassen sozialer Wirklichkeit?

Gesondert ins Auge gefasst werden soll auch das für den Qualitätsdialog bedeutsame Berichtswesen. Gemäß dem Neuen Steuerungsmodell erfüllt es die Dokumentationspflicht über erbrachte Leistungen, Wirkungen und Ziele. Da Fachkräfte sich über Inhalte der Berichte austauschen, wird es auf der Ebene des Dialoges, also der Austauschebene verzeichnet (vgl. Witte/Arlt 2008, S. 194). Als vor dem Hintergrund herausfordernd anzuführen ist hierbei der Technologiedefizit der Sozialen Arbeit. Über Menschen lässt sich kein sicheres Kausalwissen herstellen, was Nachweise über Wirkungen und erreichte Ziele bei Leistungen erheblich erschwert (vgl. Klatetzki 2010, S. 12ff.). Diese Gegebenheit wirkt sich relativierend auf die Aussagekraft von Qualitätsberichten aus.

Wer kann sich wie stellvertretend für wen ausdrücken?
Im Folgenden wird auf zwei weitere Herausforderungen eingegangen. Aus fachlicher Perspektive ist es an dieser Stelle wichtig, zwischen zwei relevanten Parteien zu differenzieren, die für diese Diskussion von hoher Bedeutung sind. Es handelt sich dabei um die Herausforderung der Beteiligung und Kommunikation von Professionellen auf der einen Seite und die Beteiligung und Kommunikation als Herausforderung der spezifischen Zielgruppe Sozialer Arbeit auf der anderen Seite.

Als einen wichtigen Punkt im Qualitätsdialog markierend, soll die Kommunikation in ihrem weitesten Sinne hervorgehoben werden. Darin liegt ein eigentliches Potenzial, welches sich aktuell mehr noch als eine Herausforderung zeigt. Insbesondere in den Rückmeldegesprächen und während der Fachkonferenz werden von Professionellen über fachliche Interessen, Ziele, Probleme und Veränderungen gesprochen. Kommunikation vollzieht sich, wie Soziale Arbeit, in zwischenmenschlicher Interaktion und ist somit von einer nicht wiederholbaren Einmaligkeit geprägt. Die Art und Weise, auf die eine Person kommunizieren kann, hängt dabei von vielerlei Aspekten ab. Zum Beispiel ihrer psychischen Gesundheit, frühere Vorerfahrungen mit Kommunikation, Wünsche und Erwartungen in Bezug auf den weiteren Verlauf der Situation (vgl. Day 1976, S. 19). Im Falle des Qualitätsdialoges ist zu betonen, dass dies auf jede am Verfahren beteiligte Person zutrifft. Verbunden mit der Aussage von B. Müller, darüber, dass ein vernünftiger Austausch über Qualitätskriterien nur zu Stande kommen kann, wenn sich die beteiligten Personen auch darüber verständigen können (vgl. 2004, S. 200f.), wird deutlich, dass Verhandlungen über Qualität ein voraussetzungsvolles Unterfangen sind.

Die besondere Herausforderung am Qualitätsdialog besteht aus der Notwendigkeit, dass eine professionelle Fachkraft die Anliegen ihrer je spezifischen Einrichtung repräsentiert und vertreten muss. Eine größere Gruppe an Menschen und ihre Erwartungen an oder von Qualität zu vertreten erfordert ein umsichtiges und professionelles Verhalten. Die individuelle Fachkraft muss zwischen eigenen Interessen und den Anliegen aller an der Einrichtung beteiligten Personen austarieren und entscheiden, was über Sprache wie zum Ausdruck und somit ins soziale Geschehen gebracht wird. Diese Aushandlung ist anspruchsvoll und verlangt ein hohes Maß an Selbstreflektion, welche wiederum höchst voraussetzungsvoll ist[18]. Auch hierin zeigt sich ein Machtgefälle und die hohe Verantwortung, die der Fachkraft zukommt. Ein Aspekt, der mit bedacht werden sollte, wenn vom Qualitätsdialog die Rede ist.

Noch herausfordernder wird es, wenn es um die Beteiligung und Kommunikation mit den unterschiedlichen Zielgruppen Sozialer Arbeit geht. Auch, wenn im kommunalen Qualitätsdialog die Partizipation von sogenannten Leistungsempfänger_innen als wichtiger Bestandteil benannt wurde, darüber hinaus jedoch nicht weiter Erwähnung fand, wird dieser Aspekt hier diskutiert. B. Müller arbeitet heraus, dass die hierarchische Position der Zielgruppe im Qualitätsdialog die Schwächste ist (vgl. 2008, S. 205). Ihre Stellung zuspitzen soll folgendes Zitat:

> „Davon abgesehen besteht unter Machtgesichtspunkten ihre Chance, im Wirkungsdialog Gehör zu finden eigentlich nur darin, dass die beiden anderen Partner, Verwaltung und Fachleute, sich jeweils auf Bürgerinteressen berufen müssen, wenn sie sich mit Argumenten behaupten wollen. Eine andere Legitimationsquelle haben letztlich beide nicht. […].Beide müssen (und sollen) sich darauf berufen, Anwalt unterschiedlicher Bürgerinteressen zu sein: Die einen für das Interesse der Steuerzahler – und Wahlbürger, damit die Fachleute nicht ungerechtfertigte Sonder- und Eigeninteressen zu Lasten der Allgemeinheit bedienen, die anderen für Anspruch und Recht der Bürger als Klienten und Nutzer öffentlicher Einrichtungen, Leistungen zu bekommen, die anerkannten fachlichen Standards entsprechen" (B. Müller 2008, S. 205).

Hinter dem Vorwand der Beteiligung der Zielgruppe steht hier prägnant der Zweck, aus einer Legitimationspflicht den Bürger_in-

---

18 Frank Bettinger thematisiert die Entwicklung von emanzipatorischer Selbstreflektion, Selbstbildung und Selbstbewusstsein unter der Bedingung von vielen komplexen Faktoren (vgl. 2008, S. 428ff.).

nen gegenüber Auskundschaft über Interessen von ihnen erhalten zu wollen. Der Qualitätsdialog wird unter dem Deckmantel der Partizipation als ‚Legitimations-Lückenfüller' genutzt. Hier sei kurz erwähnt, dass dies ein neues Licht auf die Nutzfrage des Qualitätsdialoges wirft. Jegliche kommunalen Leistungen müssen vor wirtschaftlichen Hintergründen und Bürger_innen der Zivilgesellschaft politisch und rechtlich legitim abgesichert sein. Legitim kann es wiederum nur sein, wenn nachgewiesen werden kann, dass die Interessen und Bedarfe der Bürger_innen abgedeckt sind. Dies erweckt den Anschein, dass Beteiligung am Qualitätsdialog sich nicht von sozialpolitischen Legitimationsanforderungen trennen lässt und weniger aus einem fachlich begründeten Interesse heraus entsteht. Um es mit B. Müllers Worten auszudrücken: „Sie müssen fair behandelt werden, damit sie selbst fair sind" (vgl. 2004, S. 207). Es brauchte erst die fachwissenschaftlich begründete Erkenntnis, dass Koproduktion für das Gelingen sozialer Dienstleistungen erforderlich ist, bis eine Kommunikationsplattform wie der Qualitätsdialog eingerichtet wird (vgl. ebd.). Schlussfolgernd soll festgehalten werden, dass es bei jedem Qualitätsdialog aufschlussreich sein kann, zu hinterfragen, welchen Zweck oder Nutzen dieser erfüllen soll.

Zu der Herausforderung der Beteiligung und Kommunikation der Zielgruppe soll ein weiterer Punkt in den Vordergrund gestellt werden. Menschen, die Leistungen Sozialer Arbeit in Anspruch nehmen, tun dies meist ohnehin schon aus einer Problemlage heraus und bringen unterschiedlichste Belastungen mit (vgl. Day 1976, S. 26f.). Besorgniserregend wird es, wenn von vorbelasteten Personen Beteiligung und eigenverantwortliches Handeln im Sinne des sozialstaatlichen Prinzips des Forderns und Förderns erwartet wird, sie dies allerdings nie lernen konnten und sich auf Grund dessen vor der Bedrohung sehen, von für sie notwendigen Leistungen ausgeschlossen zu werden (vgl. Rose 2004, S. 217). Rose charakterisiert drei Merkmale, die Leistungsempfänger_innen erfüllen müssen: „Hilfebedürftigkeit, Hilfeberechtigung und Bereitschaft zum aktiven Mittun." (vgl. ebd.). Wodurch die Bereitschaft des aktiven Mittuns ebenfalls erschwert wird, zeigt Thomas Reichert:

> „Auf der Ebene der Beziehungen zwischen Menschen stellt sich die Frage nach der Wahrheit, im Wissen um jene Faktoren, anders: wenn Menschen etwa durch psychische Muster oder solche, die aus dem gesellschaftlichen Umfeld übernommen sind, geprägt sind, dann handeln *diese* in ihnen, wenn sie glauben, nach ihrem eigenen Willen zu handeln. [...] Es ist fraglich, ob das Wissen um die eigenen Motive je die unbewußten, wirklichen Beweggründe einholen kann. [...] Damit ist das Vertrauen in die Fähigkeit des anderen zur Wahrheit und zugleich eine Grundbedingung sinnvoller Kommunikation zerstört" (1996, S. 23).

Beteiligung kann demnach nur insofern in Anspruch genommen und verwirklicht werden, wie sie zuvor auch in der Lebenswelt der Person Notwendigkeit, Platz und Anwendung gefunden hat[19]. Dieser Aspekt bestärkt die verantwortungsvolle Aufgabe, die den professionellen Beteiligten am Qualitätsdialog zukommt. Mit diesem Spannungsverhältnis innerhalb der Kommunikationsfähigkeiten muss umgegangen werden, wenn es um eine wirkliche Aushandlung über Qualitätskriterien aus Perspektive der Betroffenen gehen soll.

Nachdem umfangreich Herausforderungen thematisiert wurden, sollen nun Potenziale hervorgehoben werden.

Qualität durch Dialog

Gleichwohl, dass der sozialrechtliche Hintergrund des Qualitätsdialoges nicht frei von Zwang ist, erkennt Deinet an, dass Qualitätsdialoge die fachliche Qualitätsentwicklung in vielen Kommunen signifikant verbessert haben. Eben dieser verzeichnet positive Veränderungen in örtlichen Organisationskulturen im Vergleich zu der Zeit vor der Implementierung von Qualitätsdialogen und gibt an, dass sich kommunale finanzielle Ressourcenlagen stabilisiert haben. Darüber hinaus stellt er eine verbesserte Austauschkultur zwischen freien und öffentlichen Trägern fest (vgl. Deinet 2008, S. 138). Aus diesem Grund wählt er in Zusammenarbeit mit

---

[19] Ulrich Steckmann spricht von adaptiven Präferenzen: „Eine Person kann sich also womöglich in Unkenntnis darüber befinden, worin ihre wirklichen Bedürfnisse bestehen. [...] Im Fall des Vorliegens adaptiver Präferenzen sind beispielsweise unerreichbar erscheinende Ziele aus dem Horizont des Wünschbaren ausgeschlossen, oder die gegenwärtige Lebenssituation wird in einer unverhältnismäßigen Weise positiv bewertet." (2010, S. 100).

Szlapka und Witte 2008 den Titel „Qualität durch Dialog" für das gemeinsame Buch über kommunale Qualitätsdialoge.

Gemeinsam in Aushandlung kommen

Ein weiteres unverkennbares Potenzial liegt in der Idee der Kommunikationsplattform, die der Qualitätsdialog anbietet, in sich: „Es müsste [...] erreicht werden, dass die Qualitätsverhandlungen zwischen der kommunalen Leistungsseite einer Stadt und ihren Kindern und Jugendlichen nicht mehr als instrumenteller Steuerungsdialog, sondern als Selbstzweck, als Dialog mit der Jugend organisiert werden" (vgl. B. Müller 2004, S. 209). Die Idee, in der heutigen Zeit der betriebswirtschaftlichen Technologien in der Sozialen Arbeit in den kommunikativen Austausch zu gehen, ist eine Adäquate. Nicht nur mit der Jugend, sondern auch mit den professionellen Fachkräften, weil sie gleichermaßen an der Realisierung von Qualität beteiligt sind. Ein „lebendiger Austausch zwischen einer bürgerdienlichen Verwaltung und mitverantwortlichen Bürgern." könnte zum Selbstzweck des Qualitätsdialoges werden (vgl. ebd., S. 207).

Das Verfahren des Qualitätsdialoges ist durch die ausdifferenzierte Gestaltung des Konzepts leicht auf viele andere Bereiche, auch über die Soziale Arbeit hinaus, etablierbar.

Im Laufe der Diskussion konnte gezeigt werden, dass es sich, ebenso wie mit der Qualität, auch um den Qualitätsdialog ambivalent verhält. Offen bleibt am Ende des Kapitels die Frage, ob diese Ambivalenz zu lösen ist. Angeregt wird, im Sinne eines betriebswirtschaftlichen Effizienzgedanken und um nicht die Handlungsfähigkeit im praktischen Tun zu verlieren, den Blick auf bereits Vorhandenes im Qualitätsdialog zu richten: den Dialog.

6. Der *Dialog* in Philosophie und Praxis

> „Gedacht heißt nicht immer gesagt,/
> gesagt heißt nicht immer richtig gehört,/
> gehört heißt nicht immer richtig verstanden,/
> verstanden heißt nicht immer einverstanden,/
> einverstanden heißt nicht immer angewendet,/
> angewendet heißt noch lange nicht beibehalten" - Konrad Lorenz.

Professionelle Soziale Arbeit besteht im Wesentlichen aus Beziehungsarbeit. In jeder zwischenmenschlichen Beziehung wird permanent kommuniziert. Kommunikation, als etwas Ubiquitäres, lässt viele Probleme entstehen oder verhärten, trägt allerdings ebenso das Potenzial in sich, sich ihnen anzunähern und sie zu lösen. Im Qualitätsdialog geht es u.a. um die kommunikative Aushandlung vieler verschiedener Interessen, Anforderungen und Bedürfnisse in Bezug auf Qualitätsziele. Dabei unterscheiden sich die Partizipations- und Kommunikationsfähigkeiten der beteiligten Leistungsnutzer_innen, Leistungsträger und Leistungserbringer_innen. Vor diesem Hintergrund erscheint es rentabel, das Potenzial des Qualitätsdialoges optimal zu nutzen und gemeinsam in Aushandlung über Qualität zu gehen. Um das Potenzial des ‚ins-Gespräch-kommen-über-Qualität' stärkend hervorzuheben, wird thematisch der Ansatz des Dialoges herangezogen.

Die Relevanz dessen, darauf einzugehen, wie Menschen miteinander in Kontakt gehen und stehen, unabhängig von ihrer unterschiedlichen Lebenswelt, findet sich auch bei dem Dialogphilosophen Martin Buber wieder:

> „Mir ist aus all den Zeiten des Menschen, um deren geistiges Werk ich weiß, nicht bloß keine große Gestaltung, sondern auch kein großer Gedanke bekannt geworden, dem nicht sein Ursprung aus dem das Selbst einsetzenden Kontakt mit Gegenüberseiendem abzulesen wäre" (1986, S. 85).

Mit diesem Zitat soll in die Thematik des Dialoges eingeleitet werden. Krause und Rätz-Heinisch zeigen auf, dass der Dialog bereits von Vielen auf- und jeweils eigens begriffen wurde (vgl. 2009,

S. 8ff.)²⁰. Der Dialog geht bei all Jenen über die alltägliche Verständnisweise vom Dialog als einfaches Gespräch hinaus und dringt in die Tiefe des Zwischenmenschlichen ein. Mit einer Herangehensweise dieser philosophischen Art, leuchtet ein, dass ein Gespräch nicht gleich ein Dialog ist. Um das abstrakt klingende aufzuschlüsseln, kann es hilfreich sein, sich vor Augen zu führen, welches Verständnis von Dialog sich jeweils dahinter verbirgt. Da ich mich in diesem Beitrag auf das Dialogverständnis von Martin Buber und David Bohm berufe, wird dieses in den nächsten zwei Kapiteln vorgestellt. Buber repräsentiert dabei die dialogphilosophische Fundierung. David Bohm bietet darauf aufbauend Umsetzungsmöglichkeiten für die Praxis an.

6.1 *Dialog*philosophie nach Martin Buber

Mehr als ein Gespräch, bedeutet der Dialog für Buber eine innere Haltung gegenüber anderen Personen, mit denen wir in Kontakt treten (vgl. Reichert 1996, S. 38).

Der elementare Ausgangsgedanke ist dabei für Bubers Dialogphilosophie die zweifache Haltung eines jeden Menschen, die er mit den Grundwortpaaren ‚Ich-Du' und ‚Ich-Es' benennt (vgl. 1997, S. 9). Bevor thematisch näher darauf eingegangen wird, soll hier hervorgehoben werden, dass beide Haltungen lebensnotwendig und unumgänglich sind. Wenngleich Buber sich offenkundig damit beschäftigt, zwischen Ich-Du und Ich-Es zu differenzieren, sei dennoch betont, dass er sie nicht gegeneinander auf- oder abwertet. Die zwei Grundwortpaare respektiert er in ihrer Andersheit. Dieses Kapitel wird auf eine Problematik hinweisen, die Buber auf der Es-Ebene verortet. Der Ausgleich kann nur auf der Du-Ebene vollzogen werden. Im weiteren Verlauf des Kapitels wird dies ausführlicher ausgeführt.

---

[20] Hier sei beispielhaft verwiesen auf den Sokratischen Dialog, überliefert durch Platon (1954), Jürgen Habermas (1981), Hannah Arendt (1994), Paolo Freire (1973), Niklas Luhmann (1984), Janosz Korczak (1997), Reinhart Wolff (2007), Cornelia Muth (2011).

Vom Elementarsten ausgehend wird hier bei der Erklärung der Grundwortpaare eingestiegen. Das *Ich*[21] gibt es für Buber nur in Verbindung zu einem der Grundworte, nicht alleinstehend. Die Bedeutung des *Ich* ist je nach Grundwort *Du* oder *Es* eine andere (vgl. ebd., S. 9f.). In der Ich-Es-Haltung verhält sich der Mensch zu dem, wem oder was er begegnet, wie zu einem Gegenstand. Er *beobachtet*, erfährt, nimmt wahr, fühlt, denkt und will etwas (vgl. ebd., S. 10). Eine Person, die beobachtet, ist währenddessen objekthaft allein mit sich und den situativen Sinneswahrnehmungen in Kontakt. Die routinierte und gewohnte Lebensweise der Menschen befindet sich demnach auf der Ebene des *Es*. In der Ich-Du-Haltung tritt der Mensch zu all Jenem subjektiv in Beziehung. Er lässt sich auf die Begegnung ein und wird der Situationen mit allen Sinnen *inne* (vgl. ebd., S. 11).

Das *Innewerden* bezeichnet Buber als personale *Vergegenwärtigung* (vgl. 2009, S. 284). Beides zusammen bedeutet, das Gegenüber radikal in der Andersheit zu respektieren, sich dessen kontinuierlich bewusst zu sein und anschließend, entschieden zu der mir unvergleichlichen und unersetzbaren Person die Verbindung entstehen lassen. Im *Innewerden* liegen auch die Grenzen des Dialogischen (vgl. Buber 2009, S. 153). Kein Mensch kann einem anderen Menschen gänzlich *inne* werden. Es geht darum, aktiv anzunehmen, dass jeder Mensch einzigartig ist und sich der subjektiven Welt des Gegenübers einfühlsam zu nähern. Dazu gehört beispielsweise auch das Bewusstsein darüber, dass „die gegenständliche Sprache nur einen Zipfel des wirklichen Lebens [erhascht]" (Buber 2009, S. 21).

Hinter dem, was eine Person zu Wort bringt, steckt wesentlich mehr, als zum Ausdruck gebracht werden kann. Ein Wissen darum ist notwendig, wenn es im zwischenmenschlichen Kontakt um den Versuch geht, das Gegenüber zu *verstehen*. Gerade für die Soziale Arbeit liegt darin eine wichtige Erkenntnis, weil sich in der Haltung des Verstehen-Wollens eine dringende Voraussetzung für ange-

---

[21] Zur Verdeutlichung, welche Begriffe speziell von Buber geprägt wurden und wann ich Begriffe auch in diesem Sinne meine, hebe ich sie im gesamten Verlauf der Arbeit *kursiv* hervor.

messenes sozialarbeiterisches Reagieren manifestiert. Auf Grund der Tatsache, dass verbale Sprache nur einen kleinen Teil einer Person offenbart und es daher nicht möglich ist, alles von einer Person zu erfahren, ist ein vollständiges Verstehen nie realisierbar[22]. Hierin zeigt sich eine weitere zentrale Erkenntnis für den Umgang mit anderen Menschen. Für den Dialog stellen derartiges *Innewerden* und *Zuwenden* zum Gegenüber die Hauptvoraussetzungen dar, damit ein *echtes Gespräch* entstehen kann (vgl. Buber 2009, S. 283). In eine solch *ernsthafte* Beziehung zum Gegenüber zu gehen, bedeutet für Buber *Gegenseitigkeit* oder auch *gegenseitige Umfassung* (vgl. ebd. S. 14). Dies beschreibt er mit den Worten „Ich-wirkend-Du" und „Du-wirkend-Ich" (vgl. ebd., 2009, S. 25). Der einzelne Mensch verwirklicht sich erst im Gegenüber; so schreibt eben dieser: „Ich werde am Du; Ich werdend spreche ich Du" (vgl. 1997, S. 18). Die Bedeutung, inwiefern wir auf unsere Mitmenschen und zwischenmenschliche Kommunikation angewiesen sind, wiegt hier schwer.

Als grundlegenden Unterschied zwischen Ich-Du und Ich-Es führt Timm Kunstreich an, „dass nur im Grundwort Ich-Du der Mensch Anerkennung und Bestätigung erfährt" (2015, S. 57). Dies sind zwei zentrale Bedürfnisse menschlichen Zusammenlebens. Vor dem Hintergrund der Zeit, in der Buber lebte (1878–1965)[23], konstatierte er allerdings den „Zerfall des menschlichen Zusammenlebens" (2007, S. 81). Daraus ließe sich die Erkenntnis ziehen, dass Anerkennung und Bestätigung in ihrer Erfüllung unbefriedigt blieben. Darüber wird im Folgenden auf die am Anfang des Kapitels erwähnte Problematik eingegangen.

Beteiligt an diesem Zerfall waren für Buber beispielsweise neu entstehende Gesellschaftsformen wie Vereine, Gewerkschaften, Parteien und Einrichtungen, die Technisierung in allen Lebensbereichen, stetiges Wirtschaftswachstum, einem von Missverständnissen geprägten politischem Geschehen, Zustände von Macht und Machtlosigkeit und das immer geschäftigere Treiben von Menschen. Das geschäftige Treiben sollte jedoch mehr eine Betäubung vor der steigenden Einsamkeit darstellen (vgl. ebd., S. 81ff.). In die-

---

[22] Siehe ausführlicher: Gadamer 1993: Hermeneutik. Wahrheit und Methode.
[23] https://www.martin-buber.com/seite/vita/

sen Bereichen des *öffentlichen Lebens* verortet er alle praktischen Tätigkeiten wie arbeiten, organisieren, wirtschaften und verhandeln, die von Menschen verrichtet werden. Im *persönlichen Leben* lokalisiert Buber Gefühle und jegliche Verarbeitungen von Erfahrungen, die im *öffentlichen Leben* gemacht wurden. Diese beiden Lebensbereiche lassen sich nicht voneinander trennen, doch zusammen ergeben sie derzeit kein wirkliches, erfülltes Leben. Zwischen dem *öffentlichen* und *persönlichen Leben* liegt indessen eine *Verbundenheit*, die verloren gegangen und noch nicht wiedergefunden ist (vgl. 2009, S. 48). In der Art, wie diese Lebensbereiche durchlebt werden, repräsentiert sich in ihnen überwiegend die Ebene des *Es* (vgl. 2009, S. 45ff.). Buber führte diesen Gedanken weiter aus: „[W]o immer ein Mensch in Stille, in die eigentliche Wirklichkeit seines Lebens einkehrt, da erfährt er die Tiefe der Einsamkeit, und in ihr erfährt er, mit dem Grund seines Daseins konfrontiert, die Tiefe der menschlichen Problematik" (2007, S. 82f.). Das Problematische daran zeigt sich in der Nicht-Erfüllung des Lebenssinns in der Zusammengehörigkeit von Menschen und Welt.

Nicht wertend, doch durchaus dringlich, weist Buber auf ein weiteres Problem hin, welches den Zerfall des menschlichen Zusammenlebens mit nährt: das, des Zwischenmenschlichen. Denn für ihn ist „[d]er Mensch im Kollektiv nicht der Mensch mit dem Menschen" (Buber 2007, S. 162).

Auch hier findet Buber zwei polare Zustände, die des *Seins* und die des *Scheins*, die zwischenmenschliche Beziehung entweder ausmachen oder verhindern (vgl. 2009, S. 277). Zur Veranschaulichung ein Beispiel:

> „Da sind erst mal der Peter, wie er dem Paul erscheinen will, und der Paul, wie er dem Peter erscheinen will; sodann der Peter, wie er dem Paul wirklich erscheint, Pauls Bild von Peter also, das gemeiniglich keineswegs mit dem von Peter gewünschten übereinstimmen wird, und vice versa; dazu noch Peter, wie er sich selbst, und Paul, wie er sich selbst erscheint; zu guter Letzt der leibliche Peter und der leibliche Paul" (Buber 2009, S. 279).

Zurecht fragt Buber danach, wo in dieser Zusammenkunft „noch Raum für die Echtheit des Zwischenmenschlichen" bliebe (2009, S. 279). Seiner Meinung nach fehlt es den Menschen an Authentizität. Das *Sein* ist vom *Schein* überlagert; das *Es* überwiegt im menschlichen Zusammenleben. Resümierend bedeutet das, dass Menschen überwiegend allein mit sich und nicht als sich selbst verwirklichend mit anderen Menschen sind. Solange dieser Zustand bestehen bleibt, gibt es kein *verwirklichtes* Menschenleben in dem Sinne, wie Buber es versteht: „Das Menschliche bedeutet den jeweiligen Vollzug jener Begegnung, die im Sein der Welt angelegt ist" (1986, S. 84). Hilfreich für jede Person könnte es sein, sich zwischendurch die Frage zu stellen, ob sie gerade mehr mit dem Schein als mit dem Sein beschäftigt ist und die als ‚eigene' markierten Bedürfnisse zu hinterfragen.

Die *Verbundenheit* zwischen *öffentlichem* und *persönlichem Leben,* zwischen *Sein* und *Schein, verwirklicht* sich in der Grundhaltung des *Ich* zum *Du.* Die darin liegende *Verbundenheit* ist existenziell. Damit diese zu Stande kommen kann, benötigt es eine Reaktivierung der Sphäre des Zwischenmenschlichen; „ihre Entfaltung nennen wir das Dialogische" (Buber 2009, S. 276). Begegnen sich Menschen auf dialogische Weise, entsteht in genau diesem Moment ein Ort, den Buber das *Zwischen* nennt (vgl. 2007, S. 167). Jegliche Sinnhaftigkeit menschlicher Existenz entsteht im *Zwischen* (vgl. Buber 2009, S. 276). Reichert führt zum *Zwischen* erklärend aus, dass es „als Ort dessen, was beiden in dieser Begegnung gemeinsam ist" bezeichnet werden kann (vgl. 1996, S. 146).

Die problemorientierte Ausrichtung dieses Kapitels stellt eine symbolische Brücke zur heutigen Zeit und ihren gesamtgesellschaftlichen Zuständen dar. Weder das *öffentliche Leben* und speziell die Soziale Arbeit sieht sich nicht vor Tendenzen entgegen Entwicklungen einer Technisierung – heute Digitalisierung – aller Lebensbereiche, noch ist im *persönlichen Leben* ein glückerfülltes Leben präsenter als ein einsames Leben[24]. Der Bereich des Zwischenmenschlichen zeichnet sich als unabdingbare Herausforderung ab, wenn es um Überlegungen über gesamtgesellschaftliche Veränderungsprozesse geht. Menschliches Mit-einander-leben gelingt durch das Einlassen auf die Entstehung des *Zwischen* und realisiert auf diese Weise dialogische Sinnhaftigkeit und unverzichtbare Ver-

---

[24] Steigende Anzahl an Depressionen, Burn-Out, psychischen Erkrankungen etc.

bundenheit. An dieser Stelle kann ein dialogphilosophisches Verständnis nach Buber und der nun folgende Dialog nach Bohm als hilfreicher Schlüssel betrachtet werden.

6.2 Dialogpraxis nach David Bohm

Eine dialog-offene Haltung nach Buber lässt sich im Kontext der Sozialen Arbeit nicht in Reinform übersetzen. Darüber hinaus gibt Buber auch keine praktischen Beispiele, wie der *Dialog* in eine Methode übersetzt werden kann.

In diesem Kapitel wende ich mich wie angekündigt David Bohm zu. Als Quantenphysiker, der er war, war er es, der den Dialog praktisch in eine Methode umdachte. Ich orientiere mich im Verlauf dieses Kapitels ausschließlich an Bohms Werk „Der Dialog – Das offene Gespräch am Ende der Diskussion" (2014, Originalausgabe 1996). Ich nutze es, um praktische Prinzipien für ein dialogisches Setting heraus zu arbeiten. Damit verfolge ich die Absicht, zu einem praktischen Handlungsbezug zum Qualitätsdialog zu gelangen. Damit dies gelingt, werde ich nur jene Prinzipien aus dem Werk herausgreifen, die sich meines Erachtens nach im Setting des Qualitätsdialoges etablieren ließen.

Vor der Ausführung der Prinzipien soll darauf hingewiesen sein, dass das Setting des Qualitätsdialog sich nicht im Sinne des Dialoges öffnen lässt. Der Qualitätsdialog ist mit dem konkreten Vorhaben und Ziel verbunden, das Thema Qualität in ihren unterschiedlichen Facetten zu behandeln – mit der Besonderheit, dass Teilnehmer_innen nicht allein für sich selbst, sondern als Vertreter_innen verschiedener Parteien anwesend sind. Dass der *Dialog* an dieser Stelle an Grenzen der idealen Umsetzbarkeit stößt, sei hier deutlich hervorgehoben. Um Personen angemessen vertreten zu können, bedarf es einer reflexiven *Es*-Haltung. Der Entscheidungsweg darüber, inwiefern Personen angemessen zu vertreten sind, kann allerdings auf der dialogischen *Du*-Ebene vollzogen werden. Förderlich für eine solche *Du*-Ebene, lassen sich Prinzipien formulieren, an denen sich im Qualitätsdialog <u>orientieren</u> ließe:

1. Über den dialogischen Ansatz und die damit verbundene Neuorientierung sprechen und die folgenden Prinzipien thematisieren (vgl. S. 32)
2. Optional: Anwesenheit einer dialogerfahrenen Person, die den Qualitätsdialog begleitet/moderiert (vgl. S. 47)
3. Im Kreis sitzen, damit nichts Materielles im *Zwischen* steht (vgl. S. 47)
4. Gesprächsraum *möglichst* frei machen von Autorität, Über- oder Unterordnungen (vgl. S. 92)
5. Vorgehensweisen des Verhandelns und Regeln der Kommunikation besprechen (vgl. S. 52)
6. Tagesordnung nicht vehement abarbeiten, sich für weitere Themen öffnen (vgl. S. 51)
7. Bewusste und aktive Sensibilität für das eigene Verhalten und das Geschehen in der Gruppe einfließen lassen (vgl. S. 88)
8. Eigene Wortbeiträge prüfen: Ist das, was Ich sagen möchte, absolut notwendig und unausweichlich mit in den Qualitätsdialog einzubringen? Zurückhaltung üben (vgl. S. 58)
9. Innere Gedankengänge ins Außen verbalisieren, damit von allen Beteiligten die Aufmerksamkeit von Innen nach Außen gerichtet wird, so dass gemeinsame Denkprozesse im Qualitätsdialog entstehen können (vgl. S. 37)
10. Die anderen Personen nicht verändern, überreden oder überzeugen wollen (vgl. S. 34; S. 67)
11. Empathisches Zuhören (vgl. S. 15)
12. Annahmen und Meinungen über Qualität(sentwicklungsideen) offenlegen (vgl. S. 36)
13. Offengelegtes in der Schwebe halten, es gemeinsam betrachten, Bewertungen dessen loslassen, weder Impulsreaktionen voll ausleben, noch sie unterdrücken (vgl. S. 55)
14. Bewusstsein darüber, dass keine gemeinsame Wahrheit über Qualität gefunden werden kann. Jede Person als von einer eigenen Lebenswelt geprägtes Individuum betrachten (vgl. S. 86; S. 106)
15. Wissen um das Nicht-Wissen und Nicht-Wissen-Können aller Beteiligten (vgl. S. 108)

16. Gedanken, Gefühle und Körperreaktionen nicht getrennt voneinander sehen, sondern miteinander verknüpfen und verbalisieren (vgl. S. 143; S. 150)
17. Gemeinsam Sinn entstehen lassen – nicht jedoch eine gemeinsame Meinung! Gemeinsames Bewusstsein für den Aushandlungsprozess des Qualitätsdialoges ist wichtiger als der Inhalt von Meinungen (vgl. S. 71; S. 80)

Die genannten Prinzipien bedürfen bei einer tatsächlichen Anwendung selbstredend ausführlicherer Erläuterungen. Dazu sei auch vermerkt, dass mit dem Aufgeführten kein Anspruch auf Vollständigkeit erhoben wird[25]. Offenkundig ist auch, dass sich diese Prinzipien nicht von jeder Person unmittelbar umsetzen ließen, da sie ein hohes Maß an Selbstreflektion erfordern. Hinzu kommt, dass an einem Qualitätsdialog womöglich ein erhöhter Wechsel von Teilnehmer_innen stattfindet und die Prinzipien sich dadurch nur erschwert verfestigen könnten. Trotz dessen können sie als Empfehlung gelesen werden. Jede Gruppe um einen Qualitätsdialog ist anders besetzt, bei einer Gruppe vermag es Anklang finden, bei einer anderen Gruppe möglichweise nur bei vereinzelten Personen und bei wieder einer anderen Gruppe auf keinerlei Anklang stoßen. Bereits eine einmalige Beschäftigung mit anderen Formen der Kommunikation kann m. E. inspirierende Prozesse anstoßen.

Gelingt es nach Bohm, während eines Gesprächs mit der Gruppe in einen gemeinsamen Denkprozess zu gelangen, spricht er von dem Entstehen eines ‚partizipierenden Bewusstsein' (vgl. 2014, S. 67). Alle Anwesenden sind in ihrem Maße daran beteiligt, einen kollektiven Sinn entstehen zu lassen. Für Bohm würde dies seine Vision verwirklichen, die er in der Transformation des individuellen und kollektiven Bewusstseins sieht (vgl. ebd., S. 174). Darüber verspricht er sich, dass Menschen wieder zu einer Gemeinschaft finden, in der Liebe, Freundschaft und Partizipation selbstverständlich und reichlich vorhanden ist (vgl. ebd., S. 100).

---

[25] J. F. und M. Hartkemeyer erarbeiteten z. B. zehn Kernfähigkeiten dialogischer Kommunikation, die ich als Erweiterung für die Qualitäts*dialog*-Prinzipien heranführen würde, wenn der Umfang dieser Arbeit es zuließe. Siehe dazu: Die Kunst des Dialogs. Kreative Kommunikation entdecken (2005). S. 50 und S. 52.

7. Herausforderung und Potenziale *dialogischer* Qualitätsentwicklung in der Sozialen Arbeit

Rückblickend den Verlauf dieses Beitrags betrachtend, eröffnet sich hier der Teil, der über die Reproduktion des Theoretischen hinausgeht. Dieses Kapitel stellt den Versuch dar, die Themen Qualität, Qualitätsdialog und Dialog miteinander zu denken und verschriftlicht darzulegen, ob und inwiefern der *Dialog* Potenziale und Herausforderungen für den Qualitätsdialog darbieten könnte. Damit folgt mein Beitrag dem Anliegen, das aufgezeigte Spannungsverhältnis zwischen Sozialpolitik und Profession (siehe Kapitel 2.2 und 3) am konkreten Beispiel des Qualitätsdialoges aufzuzeigen und *dialogische* Möglichkeiten anzuführen, womit sich die Spannungen lösen können. Hierbei wird es zu Wiederholungen von Aspekten kommen, die an anderen Stellen des Beitrags bereits Erwähnung fanden.

Qualitätsentwicklung als Potenzial an sich

Gleich zu Beginn soll das Vorhaben der Qualitätsentwicklung an sich als Potenzial herausgestellt werden. Wichtig ist meines Erachtens, dass mit möglichst vielen Beteiligten und Betroffenen über Qualität gesprochen wird und sie stetig weiterentwickelt wird. Es ist nicht völlig irrelevant, welches Instrument für das Vorgehen genutzt wird, doch allem voran ist es von immenser Bedeutung, etwas an der aktuellen Form der Kommunikation zu verändern. Ähnlich erachtet B. Müller die „Organisation von Wirksamkeitskommunikation [als notwendig], unabhängig davon, ob von Dialog oder von ‚Controlling' oder von Kundenbefragung die Rede ist" (vgl. 2004, S. 200). Diese Relativierung gegenüber dem Dialog wird der weitere Verlauf dieser Diskussion entgegensteuern.

Ein Mehr an Wissen

An nächster Stelle sei das Potenzial des Wissens markiert und mit einem ausführbaren Zitat begonnen: „Aus der Sicht der Vertreter ‚evidenzbasierter' Vorgehensweisen hat es der Bubersche *Dialog* schwer, als gleichrangiges Vorgehen bei der Wissensgenerierung anerkannt zu werden" (Marek, Schopp 2013, S. 118). Bei evidenzbasierten Vorgehensweisen geht es darum, sozialarbeiterisches Agieren in Bezug auf den jeweiligen Fall auf der Grundlage der besten wissenschaftlichen Erkenntnisse darüber, was wirkt, transparent offen zu legen und das Handeln dementsprechend auszurichten[26]. Mit Bubers Worten ließe sich dem entgegnen: „Das Kollektiv macht sich anheischig, die totale Sicherung zu liefern" (Buber 2007, S. 161). Die Beziehung, die sich bei Buber im *Zwischen* ereignet, lässt sich nicht derart transparent erfassen. Der Versuch der Erfassung würde bereits ein Wechsel auf die Ebene des *Es* bedeuten, was zu einer *Du-Ferne* führen würde (Buber 1997, S. 16). Ab diesem Moment verhindert der zum Mittel gewordene Versuch der Erfassung die dialogische Begegnung. Einer evidenzbasierten sozialarbeiterischen Praxis geht es um ein Mehr an Wissen für ein Mehr an Legitimation oder eben auch um die totale Sicherheit. Das folgende Zitat kann als alternativer Handlungsvorschlag für den Umgang mit Wissen gelesen werden: „Beziehung kann bestehn, auch wenn der Mensch, zu dem ich Du sage, in seiner Erfahrung es nicht vernimmt. Denn Du ist mehr, als Es weiß. Du tut mehr, und ihm widerfährt mehr, als Es weiß" (Buber 1997, S. 16). Das *Du* bringt eine unvergleichliche Qualität hervor, die sich von keinem *Es* der Welt erschließen lässt. Dieses Argument soll nicht als bloße Kritik einer evidenzbasierten Praxis verstanden werden, sondern verdeutlichen, dass durch einen Beziehungsaufbau im Qualitätsdialog signifikant mehr Wissen hervorgebracht werden könnte, als in der Ausarbeitung und Festschreibung von Qualitätszielen (vgl. Wabst 2009, 197).[27] Das *Du* bringt im *Zwischen* Momente hervor, in denen

---

[26] siehe ausführlicher: Mullen et al 2007: Evidenzbasierte Praxis in der Sozialen Arbeit. Kritisch dazu: Hüttemann 2010, Ziegler 2010.

[27] Über den *Dialog* ist eine Annäherung an implizitem Wissen möglich (vgl. Wabst 2015, S. 198), ausführlicher dazu: Polanyi 2016; Kraus et al 2017

sich zwischenmenschlich etwas verändern oder zeigen kann. Durch das Setting eines Qualitätsdialoges kann ein solcher Moment als konkrete Veränderungsmöglichkeit aufgenommen werden und im nächsten Schritt gemeinsam in ein Qualitätsziel umformuliert werden, so dass sich eine wesentliche Veränderung umsetzen ließe.

Dialogische Wissenschaft – geht das?

Zu einem neuen Punkt übergehend und doch beim Thema Wissen verbleiben, soll hier ein kleiner Gedankenexkurs zu dialogisch produzierter Wissenschaft vorgenommen werden. Buber führt an: „Nur Es kann geordnet werden. Erst indem Dinge aus unsrem Du zu unsrem Es werden, werden sie koordinierbar" (2009, S. 34). Das Niederschreiben von wissenschaftlichem Wissen erfordert die Perspektive der *Es-Ebene*. Forschungen und Erkenntnisse hingegen können dialogisch vom *Du* ausgehend angegangen und akquiriert sein (vgl. Muth 2013, S. 61). Will eine Person den Dialog erforschen, ist dies selbst „nur ontologisch zulänglich erfaßbar" (Buber 2007, S. 167). Es ist nicht möglich, etwas über den Dialog zu erfahren, ohne selbst im Dialog zu sein. Den Forschenden wird abverlangt, sich funktional zwischen Es und Du zu bewegen (vgl. Muth 2013, S. 61). Es zeigt sich die Möglichkeit, Wissen(schaft) dialogisch zu generieren[28].

Authentizität

Zurückkehrend auf das, was den Qualitätsdialog direkter tangiert als dialogische Wissenschaft, folgt die Herausforderung der Authentizität. Ein echter Dialog lässt sich nicht künstlich herleiten (vgl. Kunstreich 2015, S. 61). Die dialogische Wahrheit besteht nur da, wo der Dialog authentisch gelebt wird (vgl. Muth 2013, S. 62). Daraus kann der Schluss gezogen werden, dass nur jene Personen den Dialog verstehen, die auch fähig sind, ihn zu leben. Darüber hinaus bringt Lou Marin an, dass nach Buber „eine Kernvoraussetzung für echten Dialog die Gegenseitigkeit oder Wechselseitigkeit im Willen zum Dialog" war (2012, S. 142). Im Hinblick auf die nun

---

[28] Beispielhaft dafür: Brockmeyer et al 2019: Phänomenologische Praxisentwicklungsforschung; Kunstreich 2005: Dialogische Sozialwissenschaft.

folgende Herausforderung ist im Qualitätsdialog ein wechselseitiger Wille nicht die erste Bedingung, auf die es ankommen kann und darf.

Strukturelle und professionelle Rahmenbedingungen

Die erste Herausforderung für einen *dialogischen* Qualitätsdialog stellen, wie bereits teilweise angeführt, die strukturellen und professionellen Rahmenbedingungen dar. Diesen ist die Soziale Arbeit vorerst unausweichlich unterlegen[29]. Laut Timm Kunstreich ist danach „[z]u fragen, ob ein Ich-Du Grundwort in herrschaftlich verfassten oder doch zumindest herrschaftlich kontextualisierten Situationen überhaupt möglich ist. Elemente von Zwang und Herrschaft gibt es nur im Ich-Es Grundwort" (2015, S. 61). Soziale Arbeit berührt nicht selten Zwangskontexte. Das Feld OKJA ist nach §79a SGB VIII dazu verpflichtet, Qualität weiterzuentwickeln. Demnach erfüllt der Qualitätsdialog eine strukturell-rechtliche Pflicht und ist darüber hinaus professionellen Rahmenbedingungen in Bezug auf Qualität unterlegen. Für die Ebene des *Du* bleibt da wenig Raum. Buber konstatiert zu diesem Punkt: „Zwischen Ich und Du steht kein Zweck [...]. Alles Mittel ist Hindernis. Nur wo alles Mittel zerfallen ist, geschieht die Begegnung" (Buber 1997, S. 18f.). Der Qualitätsdialog muss jedoch als Mittel dienen, um den Zweck zu verfolgen, fachlich adäquate und qualitativ hochwertige Leistungen auszuarbeiten. Offen, wie der Dialog es nach Buber und Bohm sein sollte, kann es im Qualitätsdialog nicht sein, denn dafür bestehen beispielsweise zu hohe organisationale und personale Abhängigkeiten (vgl. Wabst 2009, S. 178). Für den *dialogischen* Kontext Sozialer Arbeit und den Qualitätsdialog bedeutet dies die Unmöglichkeit von voller *Gegenseitigkeit*, da das Wirken in der Hinsicht nie ohne Ziel sein kann (vgl. Buber 2009, S. 132). Weder die Eine noch der Andere lassen sich von strukturellen, hierarchischen Bedingungen trennen.

---

[29] Von der Idee her, dass Menschen so zu unterstützen sind, dass sie sich langfristig von ihrer Hilfebedürftigkeit emanzipieren können und die Soziale Arbeit ihr politisches Mandat wahrnimmt, müsste sich die Profession Soziale Arbeit theoretisch selbst abschaffen.

Die Qualitäts*dialog*-Prinzipien

Ein praxisnahes Potenzial liegt deutlich in den im vorherigen Kapitel hergeleiteten Qualitäts*dialog*-Prinzipien nach Bohm. Sie bieten eine Möglichkeit, mit den unausweichlichen Kontextfaktoren gemeinsam bewusst, transparent, offen und produktiv umzugehen. Einzusetzen wären die Prinzipien, die sich konkret auf die zwischenmenschliche Kommunikationskultur beziehen, an jenen Stellen des Verfahrens, wo Menschen miteinander ins Gespräch kommen, beispielsweise in den Rückmeldegesprächen oder den Qualitäts-Fachkonferenzen. Überwiegen wird, realistisch betrachtet, womöglich trotz Dialogorientierung, die Es-Ebene (vgl. Kunstreich 2015, S. 63f.).

Von Wenigen für Viele

Eine weitere Herausforderung soll hierauf folgen. Die im Qualitätsdialog stattfindenden Aushandlungen über Qualität können nur stellvertretend von Wenigen für Viele vollzogen werden. Hinzu kommt, dass „[d]ialogisch hergestellte Ergebnisse in aller Regel Kompromisse [sind und] fast nie die Interessen eines Einzelnen oder einer Gruppe von Menschen ganz und gar befriedigen" (vgl. Krause, Rätz-Heinisch 2009, S. 18). Diese Schwierigkeit lässt sich unabhängig von einer *dialogischen* Herangehensweise kaum ausräumen. Ihr lässt sich allerdings durch das nächste Potenzial *dialogischer* Qualitätsentwicklung entgegenwirken.

Professionelle *dialogische* Haltung[30]

Soziale Arbeit kann – abgesehen von sozialpolitischen Rahmenbedingungen – nur das sein, was jede sozialarbeitende Person daraus macht. Fraglich ist, wann und wodurch eine sozialarbeiterische Haltung ausgebildet werden kann. Gleiches gilt selbstverständlich für die *dialogische* und jede andere Haltung. Eindrücklich, wie bedeutsam eine fachlich angemessene Haltung ist, drücken Zech und Dehn aus: „Vor allem personenbezogene Dienstleistungen, die di-

---

30 Haltung ist ein komplexes Thema und ihre Wirkung oder Effekte nicht nachweisbar. Wie ist die Haltung einer Person zu erreichen oder die Entwicklung hin zu einer bestimmten Haltung zu beeinflussen?

rekt für und am Menschen erbracht werden, hängen unmittelbar von der arbeitenden Person ab, von ihren Einstellungen, Fähigkeiten, Kommunikationsformen und Handlungen" (2017, S. 178).

Folgende Überlegungen sind sich den inhärenten Schwierigkeiten und auch der hohen Bedeutung des Themas der Haltung bewusst und wollen an hiesiger Stelle die *dialogische* Haltung in ihrer idealisierten Form verschriftlicht festhalten. Was könnte sich verändern, wenn während des professionellen Settings des Qualitätsdialoges jede anwesende Person der Situation *inne* wird und sich den Mit-Seienden wirklich *zuwendet*? In einem solchen Augenblick würde der Mensch nach Buber nicht nur mit vielen Menschen zu tun haben, sondern mit den Menschen, mit denen er zu tun hat, *wirklich* zu tun haben (vgl. 2009, S. 167). Durch eine Öffnung für und das Respektieren von den Annahmen und Meinungen der eigenen und der anderen Person, kann tief Verwurzeltes ins Gespräch einfließen und wesentliche Erkenntnisse können ans Licht gebracht werden. Darüber ließe sich eine Transparenz von neuer Qualität herstellen, welche wiederum sozialpolitischen Anforderung zu Gute kommen würde. Im gleichen Moment würde ebenfalls die Verbundenheit des Zwischenmenschlichen wieder mobilisiert werden. Wenn sich Personen im Qualitätsdialog im Sinne einer *dialogischen* Haltung öffnen würden, bestünde weniger die Notwendigkeit nach Diskussion und Debatte. Es würde gemeinsam darüber nachgedacht werden, was in Bezug auf das Thema Qualität zwingend notwendig zu beachten und umzusetzen gilt. Durch den Gesprächsraum, der frei von Ansprüchen auf Autorität und Hierarchien ist, könnte gegenseitiges Verständnis füreinander aufgebracht werden. Eine dialogische Haltung aller Beteiligten am Qualitätsdialog könnte nach Kennenlernen der Qualitäts*dialog*-Prinzipien effiziente Verhandlungen herbeiführen, die qualitativ hochwertige Effekte zum Ziel haben. Als ein besonderes Potenzial des *Dialoges* heben Reinhard Fuhr und Martina Gremmler-Fuhr hervor, dass dieser das Bewusstsein erweitert und unterstützt, sich selbst in Beziehungen zu anderen Personen zu reflektieren (vgl. 2004, S. 97). Dieses Potenzial ist m.E. eng mit dem Potenzial der Haltung verbunden, da Bewusstsein und Reflektion Prozesse darstellen, die intrapersonell ablaufen. Unterstreichen kann diesen

Punkt William Isaacs, der den „Fokus eines dialogischen Veränderungsansatzes primär auf der Entwicklung weitreichender Praktiken und Fähigkeiten, die habituelle, festgefahrene Interaktionsmuster und Gedanken ständig zu hinterfragen und reflektieren [sieht]" (2011, S. 277). Verändert sich das Bewusstsein über das Selbst einer Person und bringt sie dies in ein Gespräch mit ein, ebenso wie es alle anderen Beteiligten tun, führte dies zu einer kollektiven Bewusstseinserweiterung. Ergo: mehr Wissen über Qualität, welches generiert werden kann. Unverkennbar zeigt sich im Thema der dialogischen Haltung ein die Profession der Sozialen Arbeit und speziell für den Bereich der OKJA stärkendes Merkmal.

Dialogische Praxis Sozialer Arbeit

Auf Grund des engen Bezugs sei hier das Potenzial der *dialogischen* Sozialen Arbeit im Allgemeinen anschließend vorgestellt. Den Qualitätsdialog betrifft dies erneut nur partiell, doch resultiert dieser nur aus dem Bestehen der Sozialen Arbeit heraus, weshalb das gesamte Arbeitsfeld an dieser Stelle in den Fokus gerückt werden soll. Die *dialogische* Haltung lässt sich nicht nur auf das Verhalten im Qualitätsdialog transferieren. Ebenfalls bieten sich alle anderen Arbeitsfelder an, ihnen aus einer *dialogischen* Haltung heraus zu begegnen. Grundlegend könnte sich diese und darin die Chance des *Dialoges* widerspiegeln, eine „[r]espektvolle Begleitung anzubieten bei der Suche nach den eigenen Qualitäten" einer jeden Person, die Soziale Arbeit in Anspruch nimmt (vgl. Marek, Schopp 2013, S. 120). Eine immense Antriebskraft kann dabei das Wissen sein, „dass der schöpferische Prozess des Verstehens nie ein ‚totales' Verstehen zum Ergebnis haben kann, sondern eine ethische wie realistische Selbstbegrenzung der Fachkraft für den Dialog geradezu voraussetzt" (vgl. Wabst 2009, S. 185). Hier zeichnen sich m.E. nach angebrachte und selbstkritische Qualitätsmerkmale für die Arbeit der Professionellen ab, wodurch einer paternalistischen Reproduktion Sozialer Arbeit weitestgehend entgegengewirkt werden könnte. B. Müller widmete sich bereits ebenfalls den Gedanken über *Dialogisches* in der Sozialen Arbeit und führt an:

> „Die dialogische Grundhaltung und das demokratische Verständnis des Miteinanders lässt somit einen Zwischenraum der Wirklichkeitserzeugung entstehen, das es Familien wie Fachkräften erlaubt, Entwicklungsblockaden und -stagnationen zu überwinden. Dies geschieht indem der dialogische Austausch und die so gewonnenen (Selbst-)Erkenntnisse über die eigene Situation Selbstentwicklungsaufgaben motivieren, die produktive Selbstveränderung ermöglichen." (B. Müller 2009, S. 107)

B. Müller kreiert das Bild einer bewussten, sensiblen und für alle Beteiligten selbstwirksamen und konstruktiven sozialen Praxis, die als einwandfreie Handlungsempfehlung gelesen werden darf.

Fragen stellen

Das nächste Potenzial findet erneut Anschluss an eine konkrete Umsetzung im Setting des Qualitätsdialoges und auch in anderen Feldern der Sozialen Arbeit. Es handelt sich um die konkrete Form der verbalen Kommunikation des Fragens. Ausgehend von und anerkennend der „auf Ungewissheit basierende Handlungsstruktur" Sozialer Arbeit charakterisiert Merchel den kompetenten Umgang mit solchem als Merkmal professionellen Handelns (vgl. 2004, S. 138). Diese Kompetenz ließe sich z.B. durch die Fähigkeit des Fragenstellens erlangen. Eine Person, die keinerlei Fragen stellt, signalisiert damit womöglich eine Haltung des Nicht-Wissen-Wollens, keine Offenheit, ein mangelndes Interesse am Thema, dem Gegenüber oder das Gefühl, bereits etwas zu wissen (vgl. Zech, Dehn 2017, S. 119). Von diesem Standpunkt aus ließe sich erneut das Thema einer paternalistischen Praxis anschneiden. Fragen hingegen signalisieren Offenheit, Neugierde, Wissen-Wollen und ein Noch-Nicht-Wissen in Bezug auf ein Thema (vgl. ebd.). Wer nicht fragt, nähert sich keinem Verstehensprozess an. Über eine Kommunikationskultur des Fragens würde jeder Person ersichtlich, dass alle als andersdenkende Individuen respektiert und ernst genommen werden. Das Potenzial des Fragenstellens soll hier als eine konkrete Erweiterung der Qualitäts*dialog*-Prinzipien unterstrichen sein.

Das Wagnis des eigenen Ich

Als letztes Potenzial folgt nun das Wagnis des eigenen *Ich-Du* im professionellen Kontext, welches von Kunstreich thematisiert wird: „Im Selbstverständnis traditioneller Professionalität sollte es in der Regel bei einem Ich-Es Grundwort bleiben, bleibt doch auf diese Weise die hochgeschätzte professionelle Distanz gewahrt" (2015, S. 64). Selbiger markiert im Wagnis des *Ich-Du* im professionellen Kontext besondere Möglichkeiten, die in dieser Grenzsituation liegen (vgl. ebd.). Die Montierung dieses Potenzials soll eine Ermutigung für alle Professionellen darstellen, sich authentisch zu zeigen, anzubieten und Soziale Arbeit gemeinsam erlebbar zu repräsentieren.

Die Beantwortung meiner Fragestellung kann, mit der bewussten Umfassung meines eigenen Nicht-Wissens, sich im Wahrheitsanspruch ausschließlich auf den Rahmen dieses Beitrags und meinen individuellen Erarbeitungsstil beziehen. Nicht zu verkennen ist, dass es eindeutig Herausforderungen gibt, die schwer wiegen, wenn davon die Rede ist, den *Dialog* im Qualitätsdialog zu implementieren. Im Hinblick auf die angeführten, konkret umsetzbaren Qualitäts*dialog*-Prinzipien und die weiteren Potenziale, die als gute Gründe für eine *dialogische* Ausrichtung des Qualitätsdialoges aufgegriffen werden dürfen, überwiegt für mich der Dialog als das Potenzial für das Thema der Qualität in der Sozialen Arbeit und speziell der Qualitätsentwicklung.

8. Zum Dialog in der Sozialen Arbeit

- „Verbundenheit, Begegnung, Dialog und Grenzüberschreitung sind Elemente einer transversalen Praxis, deren Ziel es ist, schon im Schoße des Alten das Neue experimentell zu entwickeln." (Kunstreich 2015, S. 66f.) -

Wie der Qualitätsdialog in verschiedenen Feldern der Sozialen Arbeit bereits Anwendung findet, wird ebenso an unterschiedlichen Orten *dialogisch* vorgegangen. Dafür sollen in diesem Kapitel stichprobenartig drei Beispiele kurz aufgeführt werden, damit die Übertragung vom *Dialog* in der Sozialen Arbeit hin zu einer *dialogisch* ausgerichteten Qualitätentwicklung vorstellbarer wird. Die Praxisbeispiele können nicht tiefreichend aufgearbeitet werden. Sie dienen lediglich der Veranschaulichung.

Bei Harald Wabst finden sich spezifisch ausgearbeitete Aspekte darüber, inwiefern der *Dialog* zur Professionalisierung der Sozialen Arbeit beitragen kann (vgl. 2015, S. 203). Diese näher zu untersuchen stellt eine interessante Auseinandersetzung mit der damit verbundenen Professionsdebatte dar, der in diesem Beitrag leider nicht nachgegangen werden kann. Erwähnt wird dies im Hinblick auf ein Potenzial des Qualitätsdiskurses, welches im Kapitel 3 herausgestellt wurde. Das Potenzial, dass sich die Profession der Sozialen Arbeit durch den Qualitätsdiskurs stärken und stabilisieren ließe, könnte mit dem Aspekt des *Dialogs* als professionalisierenden Ansatz von Wabst verknüpft werden.

Als erstes Beispiel wird der Beitrag „Mut zur Demokratie – Wie Partizipation in der Jugendhilfe gelingen kann!" von Remi Stork angebracht (vgl. 2015, S. 105ff.). Der *Dialog* wird darin als methodischer Kern gelingender Partizipation präsentiert, weil er formale Mitbestimmung mit *Du*-Leben erfüllt. Anhand praktischer Beispiele von Projekten des Kronberger Kreises zur dialogischen Qualitätsentwicklung wird gezeigt, wie Beteiligung überhaupt erst einmal gelernt und geübt werden kann (vgl. ebd., S. 111). Visionierend gedacht, resümiert Stork: „Wenn es gelingt, ethische und fachliche Fragen gemeinschaftlich in mehrseitigen Zusammenhängen zu klären, ist das professionspolitisch ein Riesenschritt für die Soziale Arbeit und ein kleiner, Mut machender Beitrag für die Demokratisierung der Lebensverhältnisse insgesamt" (vgl. ebd., S. 115). Über ein *dialogisches* Erlernen von Partizipation hin zu der Entwicklung von informierten und selbstbewussten Bürger_innen markiert dies einen positiven Effekt, der dem *Dialog* zu zuschreiben ist.

Das zweite Beispiel orientiert sich an einem Beitrag von Regina Rätz-Heinisch:

> „[Darin] wird auf der Grundlage einer biographischen Studie mit Jugendlichen, die als ‚aussichtslose Fälle' der Jugendhilfe galten und mit denen ein Hilfeprozess erst nach mehreren Anfängen gelang, für eine auf soziales Handeln und Interaktion gerichtete dialogische Gestaltung des wechselseitigen Hilfeprozesses plädiert" (ebd. 2015, S. 147).

Im dem dort verorteten Verständnis von *Dialog* ist durch diesen ein Selbst- und Fremdverstehen verbunden mit neuen Einsichten und Erkenntnissen, verlässlichem Kontakt zwischen Beteiligten, authentische Sprachfähigkeit und Selbstwirksamkeit, um konstruktive Veränderung zu erlangen (vgl. ebd., S. 148). Aufgezeigt werden soll, dass im Rahmen der Studie *dialogische* Passungsverhältnisse zwischen Fachkraft und betroffener jugendlicher Person erzeugt wurden und ein Handlungskonzept zur *dialogischen* Biographiearbeit erstellt wurde (vgl. ebd., S. 156). Das unterstreicht, wie vielfältig mit dem *Dialog* in der Praxis angesetzt werden kann und sich bereits Bestehendes durch eine *dialogische* Herangehensweise effizient verändern lässt.

Als drittes und letztes Beispiel wird auf den Beitrag von Martina Kriener und Peter Hansbauer eingegangen (vgl. 2015, S. 159ff.). Sie beschreiben darin das konkrete Konzept von Familiengruppenkonferenzen, wie diese ablaufen, wer daran beteiligt ist und gehen auf vorhandene Erfahrungsberichte und spezifische *dialogische* Bezüge ein. Das Ziel für sie lautet: „Mehr *Dialog* in der Hilfeplanung nach § 36 SBG VIII" (vgl. ebd.). Mehr *Dialog* geht für sie einher mit:

> „Familien einen Rahmen zu bieten, in dem sie sich mit wichtigen Menschen aus ihrem Umfeld, ihrem Netzwerk über ihre Wahrnehmungen, Interessen, Befürchtungen und Ideen austauschen, einen ‚Hilfeplan' erstellen und ihre ‚Lösungen' anschließend mit den Fachkräften des Jugendamtes abstimmen und aushandeln" (vgl. ebd.).

Durch diesen Beitrag wurde nach meiner Wahrnehmung der Bereich der Hilfeplangespräch in der Sozialen Arbeit *dialogisch* zu einem positiven Beispiel verwandelt, was für eben diesen Bereich, der in sich viele kritische Bürden enthält, eine vertretungswürdige Entwicklung darstellt[31].

Es könnten an dieser Stelle weitere praktisch gelebte *Dialog*-Beispiele folgen. Es wurde jedoch ausreichend illustriert, dass sich der *Dialog* als wichtiger Bezugspunkt für die Soziale Arbeit erweist. Er unterstützt gewinnbringende Veränderungen, ohne das gesamte Hilfesystem zu reorganisieren. Bei all der Beschäftigung mit dem *Dialog*, den vorherigen und den nachfolgenden Kapiteln, fällt auf, wie viel Bedeutung einzelne Autor_innen dem *Dialog* zukommen lassen. Dies unterstreicht, dass der *Dialog* kein belangloses Modethema darstellt. Eben weil der *Dialog* sich als konstruktive Errungenschaft erweist, soll auf zwei weitere, zentrale Gesellschaftsbereiche eingegangen und ein unabweisbarer Bezug zum *Dialog* aufgezeigt werden.

8.1 *Dialog* auf politischer Ebene?

Bisher wurde deutlich, dass, wenn es im Qualitätsdiskurs erwähnt wird, Adressat_innen mit einzubeziehen und der Qualitätsdialog sich ebenfalls an den Interessen der Nutzer_innen orientiert, die entscheidenden Rahmenbedingungen und Anforderungen schlussendlich ‚von oben', der Sozialpolitik kommen (siehe Kapitel 2.2). Genauer gesagt, von den Menschen, die sich an sozialpolitischen Entscheidungen beteiligen können. Ich möchte an dieser Stelle das Gedankenexperiment, den *Dialog* auf politischer Ebene zu denken, wagen. Dafür werde ich vorher herausstellen, wie Martin Buber sich zu seiner Dialogphilosophie auf politischer Ebene positioniert hat, da es das *dialogische* Fundament dieses Beitrages repräsentiert.

Aufzufinden und einführend anzubringen ist seine richtungsweisende Positionierung:

---

[31] Siehe ausführlicher zu Hilfeplangesprächen in der Sozialen Arbeit: Schrapper 2018. Kritisch dazu: Schwabe, M. 2000; Urban, U. 2001.

> „Ob der Staat die Wirtschaft regelt oder die Wirtschaft den Staat beauftragt, ist, solange beide unverwandelt sind, nicht wichtig. Ob die Einrichtungen des Staates freier und die der Wirtschaft gerechter werden, ist wichtig, aber nicht für die Frage nach dem wirklichen Leben, die hier gefragt wird; frei und gerecht können sie von sich aus nicht werden. Ob der Geist, der dusagende, der antwortende Geist am Leben und an der Wirklichkeit bleibt; ob das, was noch von ihm im Gemeinleben des Menschen eingesprengt ist, weiterhin dem Staat und der Wirtschaft unterworfen ist oder selbstständig wirkend wird; ob das, was von ihm noch im persönlichen Leben des Menschen ausharrt, sich dem Gemeinleben wieder einverleibt: ist entscheidend." (Buber, 2009, S. 52f.).

Handlungsbedarf lokalisiert Buber einschlägig auf den Ebenen der Wirtschaft und des Staates. Noch notwendiger hingegen, um auf diesen Ebenen historisch gewachsene Strukturen verändern zu können, ist in einem früheren Schritt die Wiederbelebung des sinnstiftenden *Du*. Darüber lassen sich selbst-bewusste und reflektierte Entscheidungen finden, die von einer gesunden Nachhaltigkeit getragen werden können. Es gilt den Blick zuerst auf die elementare Verbindung des Zwischenmenschlichen zu richten, diese zu heilen und daran anknüpfend Entscheidungen im Außen, in Politik und Wirtschaft, anzustoßen. Dieses unterstreicht Marin dadurch, dass sie die Kommunikation und den gegenseitigen Respekt als „Kernelemente einer Zivilisation des Dialogs" anführt (2012, S. 34). Selbige dachte ebenfalls über den *Dialog* auf politischer Ebene nach und rahmte ihn in seinen realistischen Möglichkeiten:

> „Außerdem waren die weiteren Bedingungen, die Buber als notwendig für echten Dialog erachtete – also das Risiko, sich ohne Vorplanung, ohne egozentrischen Interessen, ohne taktische Strategien und Bedingungen zu treffen, um gemeinsam etwas Neues zu schaffen–, soziale Prinzipien, die umzusetzen innerhalb der macht- und interessenspolitischen Sphäre nahezu unmöglich sind und an die sich, wenn überhaupt, nur entfernt angenähert werden konnte." (Marin 2012, S. 142)

Die Notwendigkeit der zweckgeleiteten Organisation des Politischen anerkennend, sollen hier, anknüpfend an die ‚nahezu unmögliche' oder ‚nur entfernte Annäherung' an die politische Sphäre erneut die Qualitäts*dialog*-Prinzipien hervorgehoben werden. Ihre Umsetzung ist nicht nur im Qualitätsdialog möglich, sondern eignen sich zusätzlich dafür, sie auch in anderen Gesellschaftsbereichen einzusetzen. An jeder Stelle, wo Menschen stellvertretend für sich und andere Menschen zusammenkommen und es um gemeinsame Aushandlungen geht, ist eine Orientierung an den Qualitäts*dialog*-Prinzipien vielversprechend. Speziell auf politischer Ebene ist eine *dialogische* Haltung von hoher Bedeutung, da Buber durch den Zerfall des (zwischen)menschlichen Zusammenlebens staatlichen Vertreter_innen zuschreibt, nicht miteinander kommunizieren zu können und Bürger_innen die Unfähigkeit, ihre Grundbedürfnisse auszudrücken (vgl. Marin 2012, S. 34f.). Dies als Ausgangssituation für politisches Geschehen betrachtet, drängt sich die Frage auf, wie authentisch jegliches politisches Treiben sein kann. Wie Marin es nach Buber tut, markieren auch Fuhr und Fuhr-Gremmler die politische Sphäre als eine von Missverständnissen, Beschämungen, Konflikten und deren Verhärtung geprägte Ebene. Mit einem *dialogischen* Ansatz, der für sie mit „tiefergehenden Verstehens-, Lern- und Entwicklungsprozessen verbunden ist, auf einer sowohl gesamtgesellschaftlichen als auch politischen Ebene formulieren sie eine konkrete Utopie (vgl. 2004, S. 225f.). Bohm spricht sich einer *dialogischen* Haltung im politischen Geschehen deutlich aus, wobei er sich durchaus bewusst ist, dass der *Dialog* sich dort nicht in idealisierter Reinform etablieren lässt. Er stellt die Vermutung an, dass der *Dialog* in der Politik nichtsdestotrotz zu einer Auflockerung des Feldes verhärteter Annahmen und Meinungen führen könnte (vgl. 2014, S. 99). Diesen real-utopischen *Dialog*vorstellungen folgt dieser Beitrag. Unabhängig von welcher politischen Ebene die Rede ist, ob kommunal-, landes- oder bundespolitisch – eine Ausweitung des *Dialoges* in diesen Bereichen zeigt sich gewinnbringend. Über eine *dialogische* Haltung oder eine konkrete Orientierung an beispielsweise den Qualitäts*dialog*-Prinzipien bei Parteitagen, Konferenzen, Gremien- und Ausschusssitzungen, im Kontakt mit Bürger_innen, in Arbeitskreisen oder den kleinsten Teamsitzungen könnten sich die zwischenmenschlichen Zusammenkünfte und Kommunikationsformen in eine Richtung verändern, in der unter der Beteiligung von Vielen gemeinsame Denk- und Bewusstseinsprozesse entstehen[32]. Damit kann ich an das

---

[32] Was könnte eine dialogische Haltung z.B. im Bereich Marketing verändern? Inwiefern könnten sich dialogisch-entwickelte Werbemaßnahmen auf das Kon-

Spannungsverhältnis zwischen Sozialpolitik und Profession im Qualitätsdiskurs anschließen und den Schluss ziehen, dass der *Dialog* sich als förderlich erweist, dieses partiell zu lösen.

8.2 Der *Dialog*fokus auf Organisationen Sozialer Arbeit

> - „Eine Organisation, die nicht offen ist in den Entwicklungen, die sich davor scheut, Fehler zu machen und Fehler zu korrigieren, nimmt sich die Chance, die in dialogischen Herangehensweisen liegen." (Krause/Rätz-Heinisch 2009, S. 17) -

Erneut das thematische Qualitäts-*Dialog*-Verhältnis des Qualitätsdialoges aufgreifend, richte ich in diesem Kapitel den Fokus darauf, inwiefern der *Dialog* bereits aktuell in Organisationen der Sozialen Arbeit Anwendung findet. Ich möchte herausstellen, dass es zwecks Qualitätsentwicklung neben der Relevanz für Organisationen der Sozialen Arbeit sich mit Qualität auseinanderzusetzen auch eine Relevanz dahingehend gibt, sich mit dem *Dialog* zu beschäftigen, um die Möglichkeiten der Professionalisierung die darin liegen, auszuschöpfen. Organisationen Sozialer Arbeit haben ich im Kapitel 2.3 als wichtig zu involvierende Bausteine, wenn es um Qualitätsentwicklung geht, herausstellen können. Ebenso stellte sich inzwischen der *Dialog* in der Sozialen Arbeit als innovative Herangehensweise heraus. Die Kombination einer *dialogischen* Qualitätsentwicklung findet bereits an unterschiedlichen Stellen in Organisationen Anklang.

Zech und Dehn tragen vor, dass die interne Kommunikation durch eine gemeinsame Sprache dazu führen kann, die Identität einer Organisation als Ganzes in einer konsistenten Selbstbeschreibung zu repräsentieren. Dazu kommt es, wenn alle der Organisationsanhängigen sich „als Beteiligte der organisationalen Sprachgemeinschaft integriert [und zugehörig] fühlen" (vgl. 2017, S. 137). Zu diesem Punkt ließe sich aus einer *dialogischen* Perspektive anmerken, dass das Gefühl von Integration und Zugehörigkeit auf der Ebene des *Scheins* und somit beim *Es* bleibt. Das Gefühl von Etwas zu haben, bedeutet noch nicht, dass das, wonach es sich anfühlen

---

sumverhalten von Menschen auswirken? Diese Fragen könnten Grundlagen weiterer dialogorientierter Arbeiten sein.

soll, bereits erfüllt ist. Die Verwirklichung dessen realisiert sich durch den Wandel zum wahrhaftigen *Du*. Hier kristallisiert sich der *Dialog* für Organisationen als bereicherndes und profitables Vorgehen heraus.

Klomann, Mohr und Ritter merken an, dass es innerhalb einer Organisationskultur erforderlich ist, eine Fehler- und Feedbackkultur zu etablieren, damit Kosten und Mühen zu Qualitätsentwicklung sich nicht als unwirtschaftlich erweisen. Für sie bedarf es an der Stelle einer Veränderung, wo Organisationen noch nicht „selbstverständlich und offen über tatsächliche Probleme der Arbeit" sprechen können (vgl. 2019, S. 26). Ausgerichtet an den Qualitäts*dialog*-Prinzipien würden Feedback und Fehler zumal konstruktiv verbal dargelegt werden, worüber sich die Artikulierung an sich in eine achtsame Richtung entwickeln kann und das, was an Mitteilung die Anderen wahrnehmen, wird bewusst in der Schwebe gehalten und gemeinsam weiter, auf der Grundlage von Wertfreiheit und Andersheit-Erlauben, behandelt. Diese Ansätze könnten weiterführend ein Lernfeld für den Umgang mit Fehlern und Feedback ermöglichen[33].

Verbleibend bei Klomann, Mohr und Ritter merken diese an: „Hierarchisch geprägte Entscheidungsstrukturen stehen in Zusammenhang mit geringen Beteiligungsmöglichkeiten, einem geringeren Maß des kollegialen Austauschs [und] einer eher von Konkurrenz geprägten Atmosphäre" (2019, S. 23). Damit sprechen sie problembehaftete Merkmale an, an denen eine *dialogische* Kommunikationskultur merkmalspezifisch ansetzen kann. Über eine Ausrichtung entlang der Qualitäts*dialog*-Prinzipen wird z.B. zumindest in dementsprechenden Settings ein höheres Maß an Beteiligung generiert, worüber das kollektive Bewusstsein füreinander entsteht. Das Einnehmen einer *dialogischen* Haltung wirkt sich nicht nur auf Gesprächssettings aus, sondern auch auf die zwischenmenschlichen Beziehungen. Hierarchien verzeichnen sich auf der *Ich-Es-Ebene*. Zwar ist nicht gesagt, dass auf der *Ich-Du-Ebene* keinerlei

---

[33] Siehe ausführlicher dazu: Biesel, K. (2009), ab S. 203: „Vom Fehlerverdruss zum Dialoggenuss in der Sozialen Arbeit – ein Plädoyer für eine Organisationskultur der Fehleroffenheit".

Hierarchie mehr besteht, jedoch eröffnet sich dort ein Raum, der weitestgehend gelöst ist von Hierarchien und Autorität. Eine Veränderung an dem Punkt könnte den Austausch zwischen Kolleg_innen positiv vorantreiben. Im *Dialog* gewinnen in dem Sinne alle, da Konkurrenzbestreben transparent gemacht und ausgeräumt werden (vgl. Bohm 2014, S. 34).

Eine *dialogische* Praxis in Organisationen Sozialer Arbeit kann gelingen. Das zeigt sich, indem der Blick auf andere Branchen gerichtet wird, in denen der *Dialog* bereits genutzt wird, um die Kommunikationskultur in Organisationen auszubauen und das Ganze einer Organisation darüber zu stärken.

William Isaacs berät seit 28 Jahren aus einer *dialogischen* Haltung heraus internationale Organisationen und arbeitet an der Erforschung, Entwicklung und Anwendung des *Dialog*-Ansatzes[34]. In den Settings, wie z.b. Isaacs den *Dialog* praktiziert, wird dieser zum ‚generativen *Dialog*'. Der generative *Dialog* ist darauf ausgerichtet, bewusst Neues entstehen zu lassen. Die ursprüngliche Idee dafür stammt von David Bohm. Neben dem generativen *Dialog* gibt es nach Isaacs auch den ‚reflektiven *Dialog*', der auf die Untersuchung grundlegender Vorannahmen ausgerichtet ist. Beide *Dialog*-Formen wendet er in seinen Organisationsberatungen an (vgl. Isaacs 2011, S. 45ff.). Geleitet wird Isaacs von der Überzeugung, dass *dialogische* Prozesse sinnvoll in allen Lebensbereichen einzusetzen sind (vgl. 2011, S. 21).

Ebenso Otto Scharmer wendet den *Dialog* überzeugt an. Er stellte die ‚Theorie U' auf, welche die soziale Technik des ‚Presencing' beinhaltet. Unter Einbeziehung einer dialogischen Heran- und Vorgehensweise zielt sie darauf ab, transformative Veränderungsprozesse in allen Bereichen und Organisationen der Gesellschaft möglich zu machen (vgl. Scharmer 2015, S. 31, 144ff.) Das ‚Presencing' wendet er bereits seit einigen Jahren in seiner Tätigkeit

---

[34] Isaacs gründete 1995 das *Dialogos* Institut in Cambridge für dialogische Organisationsentwicklung: www.dialogos-inc.com
Außerdem lehrt an der Massachusetts Institute of Technology (MIT).

als internationaler und branchenübergreifender Unternehmensberater an[35].

Resümierend festzuhalten ist hier, dass das Verfahren des Qualitätsdialoges kombiniert mit einer *dialogischeren* Ausrichtung nach Buber und Bohm die *Zwischen*kultur einer Organisation positiv, professionell und nachhaltig verändern könnte.

---

[35] Scharmer gründete 2006 in Cambridge das Presencing-Institute: www.ottoscharmer.com & https://www.presencing.org/

9. Fazit

Im Hinblick auf das Thema der Qualität möchte ich festhalten, dass es komplex bleibt, über Qualität zu sprechen und zu schreiben. Ich sehe dahingehend einen Handlungsbedarf, wo die partner_innenschaftliche Zusammenarbeit zwischen sozialpolitischer und fachlicher Ebene noch nicht gelingt oder droht, nicht mehr stattzufinden. Notwendig ist eine bestmögliche Soziale Arbeit für diejenigen, die sie in Anspruch nehmen und jene, die sie verrichten. Qualität muss kontinuierlich ausgehandelt und angepasst werden, weil Menschen, Gesellschaft, Umstände und Kombination aus allen Komponenten sich permanent verändern und somit Bedürfnisse andere werden. Der Profession Sozialer Arbeit sollte politisch genügend Raum gegeben werden, um einen fachlich adäquaten Handlungsspielraum im Hinblick auf diverseste Themen entwickeln zu können und nicht aus einer Reaktion auf sozialpolitische Anforderungen heraus Maßnahmen und Leistungen entwickeln zu müssen. Darüber hinaus müssen die Besonderheiten sozialer personenbezogener Dienstleistungen bei der Etablierung betriebswirtschaftlicher Technologien anerkannt und danach ausgerichtet werden. Für jeden der genannten Aspekte erweist sich der *Dialog* als Potenzial, daran anzuknüpfen.

Zum Ende dieses Beitrages möchte ich hervorheben, dass der *Dialog* nach Martin Buber sich nicht in seiner idealisierten Form in das Feld der Sozialen Arbeit übertragen lässt. Es gibt unausweichliche strukturelle und professionellen Rahmenbedingungen, die eine vollständige *dialogische Hinwendung* verhindern. Eine Frage, sie sich mir im Schreibprozess eröffnete, ist die nach der inhaltlichen Konstruktivität die der *Dialog* hervorbringt. Auf einer persönlichen zwischenmenschlichen Ebene ist der *Dialog* als konstruktiv einzuordnen, da Wesentliches verbal in die Welt gelangt und somit zwischenmenschlich verhandelbar ist. Vor dem Hintergrund der Zeitknappheit in professionellen Settings frage ich mich, inwiefern eine entschleunigend wirkende *dialogische* Kommunikation dazu führen kann, dass Fachthemen produktiv ausgehandelt und Planungsentscheidungen für das weitere professionelle Vorgehen getroffen werden – in einem angemessenen Zeitrahmen. An dem Punkt stelle ich derzeitige Zweifel gegenüber dem *Dialog* fest und den persönlichen Bedarf, mich weiter inhaltlich mit eben Diesem auseinanderzusetzen.

Trotz der Grenzen, den *Dialog* in seiner originären Form in diverse Settings zu übersetzen, habe ich gezeigt, dass es möglich ist, neben der Praxis Sozialer Arbeit ebenfalls das heutige politische Geschehen und Organisationen verschiedener Branchen orientiert am *Dialog* auszurichten. Als Ergebnis dieses Beitrags können die Qualitäts*dialog*-Prinzipien aus dem Kapitel 6.2 gelesen werden. Im Kapitel 7; 8.1 und 8.2 habe ich dargestellt, inwieweit der *Dialog* Potenziale und Herausforderungen des Qualitätsdialoges aufgreifen und unterstützen kann. Ein besonderes Argument für den *Dialog* liegt darin, dass es dieser möglich macht, bereits Vorhandenes *dialogisch* weiter zu entwickeln, die Profession Sozialer Arbeit dadurch gestärkt hervorgeht und dazu die sozialpolitischen Anforderungen erfüllt werden – mit all den Potenzialen, die der *Dialog* darüber hinaus mit sich bringt. Insofern trägt der *Dialog* dazu bei, das Spannungsverhältnis zwischen Sozialpolitik und Profession partiell zu lösen. Gesagt ist damit nicht, dass das Spannungsverhältnis durch den *Dialog* gänzlich aufgelöst wird. Des Weiteren birgt der *Dialog* für jede Person, unabhängig vom Thema Qualität und Qualitätsdialog, das Potenzial, die *Ich-Du-Ebene* wieder zu beleben und somit die Qualität zwischenmenschlicher Beziehungen wirkungsvoller zu gestalten. Dies würde sich in jegliche Gesellschaftsbereiche auswirken.

Während der Bearbeitung dieses Beitrages stieß ich auf den Kronberger Kreis e.V. – ein Verein für dialogische Qualitätsentwicklung[36]. In ihrer Arbeit leben sie eine *dialogische* Praxis in der Entwicklung von Qualitätskonzepten, was für sie bedeutet, dass Akteur_innen mit unterschiedlichen Kompetenzen und Ressourcen in gemeinsame Lern- und Entwicklungsprozesse verstrickt werden und sich gemeinsam unerprobte Möglichkeiten erschließen. Damit bietet sich nach Beendigung dieses Beitrages eine di-

---

[36] siehe ausführlicher: https://dialog-kronberg.de/

rekte Anschlussmöglichkeit, mich darüber hinaus weiter mit meinem Thema zu beschäftigen.

Abschließen möchte ich mit einer persönlichen Reflektion. Die Beschäftigung mit dem Thema Qualität löste in mir häufig einen inneren Widerstand aus, da ich mich in meinem professionellen Selbstverständnis einer Sozialarbeiterin durch betriebswirtschaftliche und sozialpolitische Handlungsanweisungen eingeschränkt fühle. Deutlich wurde mir im Schreibprozess, wie schwer es mir fällt, thematisch ausschließlich bei der Sozialen Arbeit zu bleiben, da ich den Wunsch habe, mich mit gesamtgesellschaftlichen Veränderungsprozessen auseinanderzusetzen. In diesem Fall liegt mein derzeitiger Lösungsansatz ebenfalls im: *Dialog*.

Literaturverzeichnis

Baethge, Martin (2011): Die Arbeit in der Dienstleistungsgesellschaft. In: Evers, Adalbert/Heinze, Rolf-G./Olk, Thomas (Hrsg.): Handbuch Soziale Dienste. Wiesbaden, S. 35 – S. 61.

Bohm, David (2014): Der Dialog. Das offene Gespräch am Ende der Diskussion. 7. Aufl. Hrsg. v. Lee Nichol. Stuttgart.

Buber, Martin (1986): Begegnung. Autobiographische Fragmente. 4. Aufl. Heidelberg.

Buber, Martin (1997): Ich und Du. 13. Aufl. Gerlingen.

Buber, Martin (2007): Das Problem des Menschen. 7. Aufl. München.

Buber, Martin (2009): Das dialogische Prinzip. Ich und Du. Zwiesprache. Die Frage an den Einzelnen. Elemente des Zwischenmenschlichen. Zur Geschichte des dialogischen Prinzips.11. Aufl. Gütersloh.

Dahme, Heinz-Jürgen/Wohlfahrt, Norbert (2015): Qualität. In: Otto, Hans-Uwe/Thiersch, Hans (Hrsg.): Handbuch Soziale Arbeit. 5. Auflage. München, S. 1278 – S. 1288.

Day, Peter (1976): Kommunikation in der Sozialarbeit. Freiburg im Breisgau.

Deinet, Ulrich (2008): Qualität durch Dialog – Kommunale Qualitäts- und Wirksamkeitsdialoge in der Offenen Kinder- und Jugendarbeit am Beispiel Nordrhein-Westfalens. In: Lindner, Werner: Kinder- und Jugendarbeit wirkt. Aktuelle und ausgewählte Evaluationsergebnisse der Kinder- und Jugendarbeit. Wiesbaden, S. 125 – S. 138.

Deinet, Ulrich/Szlapka, Marco /Witte, Wolfgang (Hrsg.) (2008): Qualität durch Dialog. Bausteine kommunaler Qualitäts- und Wirksamkeitsdialoge. Wiesbaden.

Deinet, Ulrich (2013): Kommunale Qualitäts- und Wirksamkeitsdialoge. In: Deinet, U./Sturzenhecker B. (Hrsg.): Handbuch Offene Kinder- und Jugendarbeit. Wiesbaden, S. 523 – S. 532.

Deutsche Gesellschaft für Qualität e.V. (Hrsg.) (2016): Qualitätsmanagement in der sozialen Dienstleistung. Nützlich – lebendig – unterstützend. Weinheim und Basel.

Dewe, Bernd/Otto, Hans-Uwe (2015): Profession. In: Otto, Hans-Uwe/Thiersch, Hans (Hrsg.): Handbuch Soziale Arbeit. 5. Auflage. München, S. 1233 – S. 1245.

Flösser, Gaby/Oechler, Melanie (2004): Chancen und Risiken von Qualitätsmanagement in der Sozialen Arbeit. In: Beckmann, Christof/Otto, Hans-Uwe/Richter, Martina/Schrödter, Mark (Hrsg): Qualität in der Sozialen Arbeit. Zwischen Nutzerinteresse und Kostenkontrolle. Wiesbaden, S. 175 – S. 183.

Fuhr, Reinhard/Gremmler-Fuhr, Martina (2004): Kommunikationsentwicklung und Konfliktklärung. Ein Integraler Gestalt-Ansatz. Göttingen.

Honig, Michael-Sebastian/Neumann, Sascha (2004): Wie ist „gute Praxis" möglich? Pädagogische Qualität als Gegenstand erziehungswissenschaftlicher Forschung. In: Beckmann, Christof/Otto, Hans-Uwe/Richter, Martina/Schrödter, Mark (Hrsg.): Qualität in der Sozialen Arbeit. Zwischen Nutzerinteresse und Kostenkontrolle. Wiesbaden, S. 251 – S. 282.

Isaacs, William (2011): Dialog als Kunst gemeinsam zu denken. Die neue Kommunikationskultur in Organisationen. Berlin.

Kessl, Fabian/Otto, Hans-Uwe (2011): Soziale Arbeit und soziale Dienste. In: Evers, Adalbert/Heinze, Rolf-G./Olk, Thomas (Hrsg.): Handbuch Soziale Dienste. Wiesbaden, S. 389 – S. 404.

Kommunale Gemeinschaftsstelle für Verwaltungsmanagement (1993): Das Neue Steuerungsmodell. Begründung, Konturen, Lösungen.

Klatetzki, Thomas (Hrsg.) (2010): Soziale personenbezogene Dienstleistungsorganisationen. Soziologische Perspektiven. Wiesbaden.

Klomann, Verena/Mohr, Simon/Ritter, Bettina (2019): Organisationskultur und Professionalität in der Sozialen Arbeit. Analysen und Impulse zur Organisationsgestaltung. In: FORUM sozial 2/2019, S. 21 – S. 26.

Krause, Hans-Ullrich/Rätz, Regina (2015): Soziale Arbeit im Dialog gestalten. Theoretische Grundlagen und methodische Zugänge einer dialogischen Sozialen Arbeit. Opladen, Berlin & Toronto, S. 8 – S. 20.

Kriener, Martina/Hansbauer, Peter (2015): Family Group Conference-Konzepte: Mehr Dialog in der Hilfeplanung nach § 36 SGB VIII! In: Krause, Hans-Ullrich/Rätz, Regina (Hrsg.): Soziale Arbeit im Dialog gestalten. Theoretische Grundlagen und methodische Zugänge einer dialogischen Sozialen Arbeit. Opladen, Berlin & Toronto, S. 159 – S. 174.

Kunstreich, Timm (2015): Gedanken zur Aktualität Martin Bubers. In: Krause, Hans-Ullrich/Rätz, Regina (Hrsg.): Soziale Arbeit im Dialog gestalten. Theoretische Grundlagen und methodische Zugänge einer dialogischen Sozialen Arbeit. Opladen, Berlin & Toronto, S. 55 – S. 68.

Landschaftsverband Rheinland (LVR) (2018): Jugendhilfereport 02.2018. Köln.

Marin, Lou (2012): Können wir den ehrlichen Dialog in den Zeiten des Misstrauens retten? Die Begegnung zwischen Dag Hammarskjöld und Martin Buber.Uppsala.

Marek, Jana/Schopp, Johannes (2013): Das dialogische Prinzip – nötiger denn je! In: Reichert,Thomas/Siegfried, Meike/Warmer, Johannes (Hrsg.), Martin Buber neu gelesen. Martin Buber-Studien. Band 1. Lich in Hessen, S. 101 – 132.

Marek, Jana/Schopp, Johannes (2015): Der Dialogprozess als schöpferischer Weg der Kommunikation. In: Krause, Hans-Uwe/Rätz, Regina (Hrsg.): Soziale Arbeit im Dialog gestalten. Theoretische Grundlagen und methodische Zugänge einer dialogischen Sozialen Arbeit. Opladen, Berlin & Toronto, S. 93 – S. 104.

Meinhold, Marianne/Matul, Christian (2011): Qualitätsmanagement aus der Sicht von Sozialarbeit und Ökonomie. Baden-Baden.

Merchel, Joachim (2013): Qualitätsmanagement in der Sozialen Arbeit. 4. Aufl. Weinheim und Basel.

Mulot, Ralf/Schmitt, Sabine (2017): Fachlexikon der Sozialen Arbeit. Deutscher Verein für Öffentliche und Private Fürsorge (Hrsg.). Baden-Baden. 8. Auflage.

Muth, Cornelia (2013): Interkulturelles Lernen und Forschen in transkulturellen Dialoggruppen. In: Spetsmann-Kunkel, Martin/Frieters-Reermann, Norbert (Hrsg.): Soziale Arbeit in der Migrationsgesellschaft. Opladen, Berlin & Toronto, S. 55 – S. 63.

Müller, Burkhard (2004): Qualitätsverhandlungen in der kommunalen Leistungsverwaltung. Entwurf einer Typologie. In: Beckmann, Christof/Otto, Hans-Uwe/Richter, Martina/Schrödter, Mark (Hrsg.): Qualität in der Sozialen Arbeit. Zwischen Nutzerinteresse und Kostenkontrolle. Wiesbaden, S. 199 – S. 210.

Projektgruppe WANJA (Hrsg.) (2000): Handbuch zum Wirksamkeitsdialog in der Offenen Kinder- und Jugendarbeit. Qualität sichern, entwickeln und verhandeln. Münster.

Rätz, Regina (2015): Dialogische Passungsverhältnisse zwischen ‚unerreichbaren' Jugendlichen und Hilfeprozessen der Kinder- und Jugendhilfe. In: Krause, Hans-Uwe/Rätz, Regina (Hrsg.): Soziale Arbeit im Dialog gestalten. Theoretische Grundlagen und methodische Zugänge einer dialogischen Sozialen Arbeit. Opladen, Berlin & Toronto, S. 147 – S. 158.

Reichert, Thomas (1996): Buber für Atheisten. Gerlingen.

Schaarschuch, Andreas/Schnurr, Stefan (2004): Konflikte um Qualität. Konturen eines relationalen Qualitätsbegriffs. In: Beckmann, Christof/Otto, Hans-Uwe/Richter, Martina/Schrödter, Mark (Hrsg.): Qualität in der Sozialen Arbeit. Zwischen Nutzerinteresse und Kostenkontrolle. Wiesbaden, S. 309–S. 324.

Schumann, Michael et al (2002): Abschlußbericht zur Wiss. Begleitung im Modellversuch zum Kommunalen Wirksamkeitsdialog in der Offenen Kinder- und Jugendarbeit in NRW. In: Ministerium für Frauen, Jugend, Familie und Gesundheit des Landes Nordrhein-Westfalen (Hrsg.): Politik für Kinder und Jugendliche. Offene Kinder- und Jugendarbeit. Der Wirksamkeitsdialog. Düsseldorf.

Seithe, Mechthild (2007): Hilfen zur Erziehung. In: Ecarius, Jutta (Hrsg.): Handbuch Familie. Wiesbaden, S. 568–S. 592.

Stork, Remi (2015): Mut zur Demokratie. Wie Partizipation in der Jugendhilfe gelingen kann! In: Krause, Hans-Ullrich/Rätz, Regina (Hrsg.): Soziale Arbeit im Dialog gestalten. Theoretische Grundlagen und methodische Zugänge einer dialogischen Sozialen Arbeit. Opladen, Berlin & Toronto, S. 105–S. 116.

Uni Siegen (2008): WANJA I http://www.uni-siegen.de/zpe/projekte/abgeschlossene/wanja/wanja1.html?lang=de [Zugriff 30.11.2019].

Uni Siegen (2008): WANJA II: http://www.uni-siegen.de/zpe/projekte/abgeschlossene/wanja/wanja2.html?lang=de [Zugriff: 30.11.2019].

Wabst, Harald (2015): Dialogische und diagnostische Wege zur Professionalisierung Sozialer Arbeit. In: Krause, Hans-Ullrich/Rätz, Regina (Hrsg.): Soziale Arbeit im Dialog gestalten. Theoretische Grundlagen und methodische Zugänge einer dialogischen Sozialen Arbeit. Opladen, Berlin & Toronto, S. 191–S. 216.

Zech, Rainer/Dehn, Claudia (2017): Qualität als Gelingen. Grundlegungen einer Qualitätsentwicklungen in Bildung, Beratung und Sozialer Dienstleistung. Göttingen.

Teil 2

Katharina Wilke

Der Dialog als Methode zur Stärkung der Teamresilienz.
Eine Praxisentwicklungsforschung

Inhalt

Einleitung 97

1. Praxisentwicklungsforschung 99
   1.2 Praxisforschung nach Reinhard Fuhr
       und Heinrich Dauber 100
       1.2.1 Die vier Prinzipien der
             Praxisentwicklungsforschung 100
   1.3 Dreieck von Innovation/Erkenntnis/Praxisgestaltung ... 106
   1.4 Orientierungsmodell der Praxisforschung 108
   1.5 Praxisprinzipien 113

2. Kontextanalyse und Kontextbeschreibung 117
   2.1 Das Praxisfeld 117
   2.2 Das Wohngruppenteam 118
   2.3 Aufgaben des Wohngruppenteams 120
       3.3.1 Das pädagogische Arbeitsfeld des
             Wohngruppenteams 120
   2.4 Die Dienstbesprechung 122
       2.4.1 Beobachtungen, Wahrnehmungen und das eigene
             Empfinden von Dienstbesprechungen 123

3. Theoretische Grundlagen 129
   3.1 Resilienz 129
       3.1.1 Individuelle Resilienz 131
       3.1.2 Teamresilienz 132
   3.2 Der Dialog 133
       3.2.1 Der Dialog nach Martin Buber 133
       3.2.2 Der Dialog nach David Bohm 135
       3.2.3 Die zehn Kernfähigkeiten einer dialogischen
             Haltung 137
       3.2.4 Leiter der Schlussfolgerungen 142
       3.2.5 Dialogregeln 145

4. **Der Weg ins Feld** **147**
   4.1 Meine Rolle als Forscherin 148
   4.2 Vorstellung des Projekts im Team 149
   4.3 Praxisgestaltung Teil 1/Theoretische Grundlagen
       vermitteln 153
       4.3.1 Der Einstieg ins Thema 154
       4.3.2 Theoretischer Input 157
   4.4 Praxisgestaltung Teil 2/Dialogrunden 1 – 8 161

5. **Reflexion der Dialogrunden** **175**
   5.1 Reflexion im Team – Kommunikative Validierung 179
   5.2 Der Dialog und die Teamresilienz 182
   5.3 Selbstreflexion im Dialog 183

6. **Fazit** **187**

7. **Literatur- und Quellenverzeichnis** **189**

Einleitung

> „Der Religionsphilosoph Martin Buber und der Quantenphysiker David Bohm gelten als neuzeitliche Initiatoren vertiefter Gespräche in denen die Teilnehmer sich Gefühle, Wertungen, Vorannahmen bewusst machen, die das Denken und Handeln lenken. Sie nannten sie Dialog" (Gleich, 2016, S. 35).

Im Rahmen des Masterstudiengangs der „Angewandten Sozialwissenschaft" lernte ich in unterschiedlichen Seminaren die Methode des „Dialogs" bzw. eine „dialogischen Haltung" im Sinne des Religionsphilosophen Martin Bubers und des Quantenphysikers David Bohms kennen. In geleiteten Dialoggruppen erlebte ich den Dialog als eine Form der wertschätzenden und achtsamen Kommunikation und ebenso als ein gezielt anwendbares Instrument. Die Besonderheit des dialogischen Prinzips zeichnet sich durch bestimmte Kommunikationsqualitäten, erlernbare Fähigkeiten, durch innere Haltungen, ein wertschätzendes Einlassen auf das jeweilige Gegenüber und durch verschiedene Bewusstwerdungsprozesse aus (vgl. Muth, 2013, S. 56f, Hartkemeyer/Hartkemeyer, 2005, S. 38). Parallel dazu wird die Form einer wertschätzenden Kommunikation als ein bedeutsamer Wirkfaktor in der aktuellen Resilienzforschung benannt. Demnach kann sich ein wertschätzender, positiver Austausch und eine achtsame und bewusst gestaltete Kommunikation zwischen Kolleg*innen positiv auf die Resilienz von Teams auswirken (vgl. Rolfe, 2019, S. 213). Eben jene besonderen Parallelen zwischen einer dialogischen Haltung in der zwischenmenschlichen Kommunikation und dem wissenschaftlichen Stand der Resilienzforschung bezüglich der Kommunikationsformen innerhalb von Teams begründen meine Forschungsfrage. Im Rahmen einer Praxisentwicklungsforschung möchte ich ergründen, ob der Dialog als Methode zur Stärkung der Teamresilienz beitragen kann. Dazu wurde der Dialog in acht Dienstbesprechungen eines Wohngruppenteams einer stationären Erziehungshilfeeinrichtung angewandt. Da ich selbst seit mehreren Jahren Teil dieses Teams bin, war ich zum Forschungszeitpunkt Kollegin als auch Forscherin zugleich.

Ich habe mich für die Methode der Praxisentwicklungsforschung entschieden, da dieses Verfahren die Kombination von Wissenschaft und Praxis, einhergehend mit der Neu- bzw. Umgestaltung von Praxis unter der Berücksichtigung theoretischer Grundlagen und reflexiver Lern- und Denkprozesse ermöglicht. Zu einer weiteren Besonderheit zählt, dass neben meinen eigenen intersubjektiv und subjektiv gewonnenen Erfahrungen und Empfindungen auch die der Praktiker*innen als wertvolle Ergebnisse zu verstehen sind (vgl. Fuhr/Dauber, 2002, S. 20f, 28). Meines Erachtens ergibt sich daraus eine umfassende Sicht auf die zu generierende Praxis und ebenso ermöglicht Praxisentwicklungsforschung die Sicht aus der Praxis heraus durch die bewusste Beteiligung der Praktiker*innen. Um einen tieferen Einblick in die Forschungsform der Praxisentwicklung zu geben, wird im ersten Kapitel dieses Artikels das Konzept der Praxisentwicklungsforschung vorgestellt. Daran anschließend wird das Arbeits- und Tätigkeitsfeld, welches zeitgleich auch als Forschungsfeld fungiert, im Rahmen einer Kontextanalyse explizit dargestellt und die daraus resultierende Forschungsfrage begründet. In dem darauf folgendem Teil stelle ich Grundlagen der Resilienzforschung vor. Diese werden ergänzt durch die Vorstellung des dialogischen Prinzips nach Martin Buber und David Bohm, welches die Basis unterschiedlicher Kernfähigkeiten einer dialogischen Haltung bildet und aus dem die Dialogregeln nach Schopp abgeleitet werden.

Ab dem fünften Kapitel dokumentiere ich die Vorbereitung und Durchführung der Praxisgestaltung und werde diese fortlaufend und im letzten Kapitel gesondert auf unterschiedlichen Ebenen reflektieren und kommunikativ validieren.

Ich möchte darauf verweisen, dass die Praxisforschung im Einvernehmen mit der Einrichtungsleitung und allen daran beteiligten Menschen durchgeführt wurde, unter Berücksichtigung der absoluten Freiwilligkeit und Anonymität. Das bedeutet, dass aus Gründen des Datenschutzes weder Namen der Beteiligten noch die der Einrichtung bzw. des Ortes genannt werden.

Im Rahmen der Praxisentwicklungsforschung wurde mit einem Forschungstagebuch gearbeitet, dieses ist in meiner privaten Bibliothek einsehbar.

1. Praxisentwicklungsforschung

Die Praxisforschung hat ihren Ursprung in der Aktionsforschung und ist anzusiedeln in der Partizipationsforschung (vgl. von Unger, 2014, S. 13, anlehnend an Beerlage/Fehre 1989, Heiner 1988, Moser 1995). Insgesamt betrachtet „nimmt die Nachfrage nach praxisorientierter Forschung weiterhin stetig zu" (Moisl, 2009, S. 105) und wird als „wichtige Funktion im System der gesellschaftlichen Wissensproduktion" (ebd., S. 105) angesehen. Innerhalb der Praxisforschung sind unterschiedliche Formen von anwendungsorientierter Forschung verortet (vgl. Heiner 1988, S. 9), die sich durch die Zusammenarbeit von Wissenschaftler*innen und Fachkräften auszeichnen. Demnach soll Praxisforschung dazu dienen, die Distanz zwischen Wissenschaft und Praxis zu verringern (vgl. Moser, 1995, S. 23), indem zum einen die Praktiker*innen den Forschungsprozess aktiv begleiten und diesen mit gestalten (vgl. Heiner, 1988, S. 7), zum anderen entsteht die Forschungsfrage aus der zu generierenden Praxis mit dem Ziel situationsadäquate Handlungsmethoden zur Optimierung der Praxis zu entwickeln und zu implementieren (vgl. Dickopf/Pies, 2004, S. 30, Thole, 1999, S. 234). Munsch sieht darüber hinaus die Kompetenzstärkung und -entwicklung zur kritischen Selbstreflexion als weiteres Ziel von Praxisforschung (vgl. 2012, S. 1186). In der Praxisforschung finden unterschiedliche qualitative als auch quantitative Forschungsmethoden Anwendung (vgl. Moisl, 2009, S. 101, Munsch, 2012, S. 1179). Weit verbreitet ist demnach die schriftliche Befragung und Interviewführung, darüber hinaus werden u.a. Dokumentenanalysen, teilnehmende Beobachtungen, Forschungstagebücher, Plan- und Rollenspiele als Methode angewandt (vgl. Munsch, 2012, S. 1180). Fuhr (2002) sieht in dem Ansatz der Praxisentwicklungsforschung weitere nicht konventionelle Methoden zur Erkenntnisgewinnung fest etabliert. Da es sich dabei um intersubjektive und subjektive Erfahrungen, wie Wertentscheidungen, Stimmungen, Imaginationen und Weltbilder handelt, ist „deren Anerkennung unter den Kriterien der Wissenschaftlichkeit natürlich nicht ohne weiteres gewährleistet" (Fuhr, 2002, S. 78). Moisl beschreibt, dass im Rahmen von Praxisforschung die Akzeptanz der Forschungsergebnisse unter Wissenschaftler*innen nicht an erster Stelle stünde, da sich die Ergebnisse zunächst an den Auftraggeber und die Praktiker*innen richten würden (vgl. 2009, S. 103f).

Gerade im Bereich der Sozialen Arbeit ist die konkrete Anwendungs- und Handlungsorientierung von Praxisforschung bezogen auf die eigene, fallbezogene berufliche Praxis bei den Praktiker*innen von hoher Bedeutung (vgl. Nüsken, 2010, S. 113).

Der vorliegende Artikel orientiert sich an dem integralen Ansatz von Praxisforschung nach Reinhard Fuhr und Heinrich Dauber, welcher im Folgenden vorgestellt wird.

1.2 Praxisforschung nach Reinhard Fuhr und Heinrich Dauber

Das von Fuhr und Dauber (2002) entwickelte Konzept der Praxisentwicklungsforschung zeichnet sich durch drei zentrale Zielvorstellungen aus. Es soll zum einen eine enge Verbundenheit von pädagogischer Praxis und Forschung, zum anderen eine Verknüpfung zwischen Erkenntnisgewinnung und der Planung und Ausführung konkreter pädagogischer Vorhaben stattfinden. Ein weiteres Ziel ist es, während des gesamten Prozesses sowohl die subjektiven und objektiven als auch individuelle und kollektive Dimensionen in Forschung und Praxis mit einzubeziehen (vgl. S. 15). Diese Ziele sollen unter Beachtung folgender Prinzipien konkretisiert werden: „Verflechtung von Praxis und Forschung, Prozessorientierung, Integration der vier Dimensionen der Wirklichkeit und Selbsterforschung im Dialog" (Fuhr/Dauber, 2002, S. 15ff).

1.2.1 Die vier Prinzipien der Praxisentwicklungsforschung

Nachfolgend werden die vier Praxisprinzipien nach Fuhr und Dauber dargestellt, an denen sich die Planung, Durchführung und Reflexion des vorliegenden Artikels während des gesamten Forschungsprozesses orientiert.

1. „Verflechtung von Praxis und Forschung"
(Fuhr/Dauber, 2002, S. 15)

Die Gestaltung eines konkreten pädagogischen Vorhabens, entwickelt aus theoretischer Forschung und einem wissenschaftlich fundierten Erkenntnisgewinn durch die Partizipation an pädagogischer Praxis, sind wichtige Aspekte dieses Prinzips. Während dieses Prozesses entsteht eine enge Verbundenheit zwischen Theorie und Praxis. Die angewandte Forschung erfüllt im Sinne von Dauber und Fuhr die wesentlichen Kriterien von Wissenschaftlichkeit. Allerdings erweitern sie den Wissenschaftsbegriff indem sie nicht nur empirische Verfahrensweisen anerkennen, sondern auch subjektive und intersubjektive Prozesse, wie Emotionen, Empfindungen und geistige Entwicklungen mit einbeziehen. So können neben den bekannten Evaluationsmethoden (wie z.B. die des Interviews, der teilnehmenden Beobachtung und der Befragungen) auch weitere Methoden zur Erkenntnisgewinnung Anwendung finden, wie z.B. die der Soziometrie, des Psychodramas, der Gestaltpädagogik oder der personenzentrierten Gesprächsführung (vgl. ebd., S. 15). In der Praxisentwicklungsforschung setzt die Anwendung jeder Methode voraus, dass Forscher*innen an der pädagogischen Praxis teilhaben und die Praktizierenden wiederum an der Forschung. Intersubjektive Erfahrungen werden reflektiert und Erkenntnisse der Forschung mittels „(mehr oder weniger) standardisierter Verfahren überprüft" (Fuhr/Dauber, 2002, S. 17), dokumentiert und veröffentlicht um sie somit nachvollziehbar, diskutabel, modifizierbar und falsifizierbar zu machen.

2. „Prozessorientierung" (Fuhr/Dauber, 2002, S. 18)

In der Praxisentwicklungsforschung wird dem prozesshaften Denken und dem Rekonstruieren dieser Denkprozesse innerhalb des Forschungsvorhabens, der Planung und Durchführung, der Reflexion und der Dokumentation ebenso viel Bedeutung zugesprochen wie der Erkenntnisgewinnung selbst (vgl. ebd., S. 18).[37]

3. „Integration der ‚Vier Dimensionen der Wirklichkeit'" (vgl. Fuhr/Dauber, 2002, S. 18)

Mit diesem Prinzip erheben Fuhr und Dauber den Anspruch, dass trotz der unterschiedlichen Rollen die Sichtweisen aller Teilhabenden (Forscher*innen und Praktiker*innen) in den Forschungsprozess mit einfließen.

---

[37] Die umfangreiche Dokumentation der Prozessgestaltung versteht Steinke (2007) als ein Gütekriterium der Forschung. Erst dann ist die Nachvollziehbarkeit und Wertung des wissenschaftlichen Denkprozesses für andere Forschende gewährleistet (vgl. Steinke, 2007, S. 181).

Der Dialog als Methode zur Stärkung der Teamresilienz 103

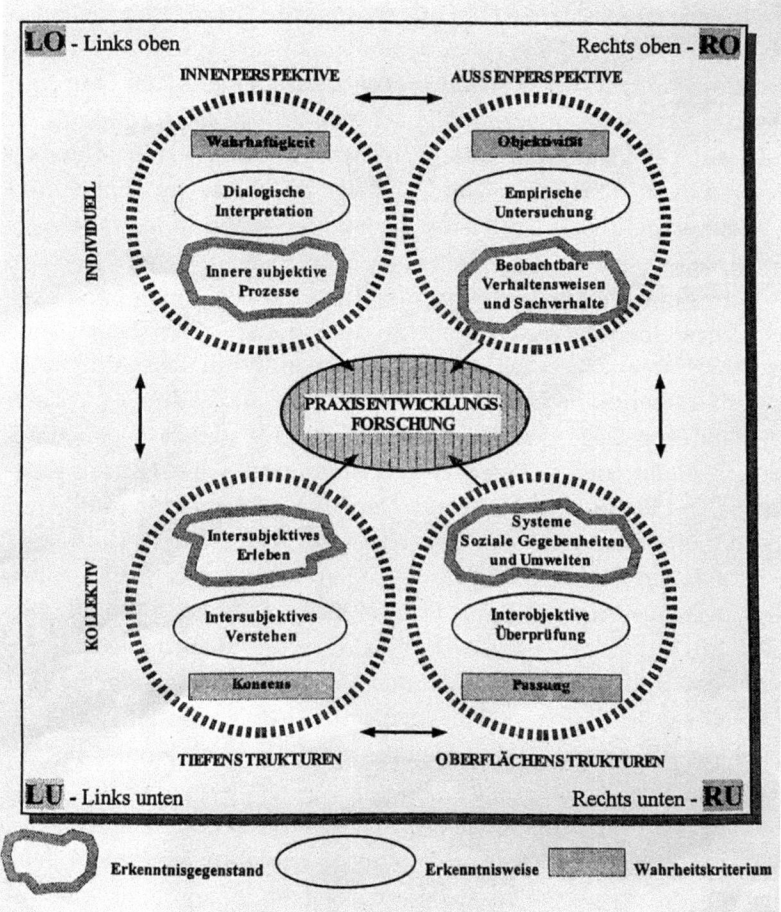

Abb. 1: Quadrantenmodell von Ken Wilber für die Praxisentwicklungsforschung interpretiert nach Fuhr/Dauber, 2002, S. 22

Darüber hinaus sollen alle Beteiligten den Prozess des Forschens und Entwickelns „immer auch in Bezug auf sich selbst wahrnehmen" (Fuhr/Dauber, 2002, S. 18f) und reflektieren. Somit erweitern Fuhr und Dauber die Dimension der Erkenntnismöglichkeit um die des „subjektiven und intersubjektiven inneren Erleben[s]" (Fuhr/Dauber, 2002, S. 19, Klammerangabe KW) mit, bzw. in dem

Bewusstsein, dass dies weder auf sensorische Art messbar noch beobachtbar ist. Um die verschiedenen Dimensionen und somit auch den Forschungsprozess strukturieren zu können, nutzen Fuhr und Dauber das Quadrantenmodell nach Ken Wilber. Dieses Modell basiert auf der Annahme, dass Wirklichkeit aus unterschiedlichen Perspektiven, nämlich sowohl aus der individuellen Innen- und Außenperspektive, als auch der kollektiven Innen- und Außenperspektive konstruiert wird (vgl. ebd., S. 20).

In dem Modell finden sich rechtsseitig die Außenperspektiven, zum einen die individuelle als auch die kollektive zum Erfassen von Oberflächenstrukturen. Bei der individuellen Außenperspektive handelt es sich um beobachtbares, individuelles Verhalten, während die kollektive Außenperspektive soziale Gegebenheiten, Systeme und Umwelten betrachtet und deren Zusammenhänge und Passungen überprüft. Der Erkenntnisgewinn erfolgt auf dieser Seite des Modells empirisch durch verschiedene Methoden, wie z.B. replizierbare Beobachtungen, Messungen oder Interviewbefragungen (vgl. Fuhr/Dauber, 2002, S. 20, 24). Ergänzt wird dies durch die linksseitigen Dimensionen des Modells, welche sowohl das individuelle als auch das kollektive innere Erleben aller am Prozess Beteiligten, z.B. in Form von Gefühlen, Gedanken, Stimmungen, Phantasien, Wertorientierung, Rollendefinitionen etc., erfasst (vgl. ebd., S. 24).

Bei den Innenperspektiven machen die Beteiligten sich ihrer Selbst bewusst, um Erkenntnisse zu gewinnen. Diese subjektiven inneren Prozesse können, neben der Selbstreflexion auch mit Außenstehenden, sofern sie sich in die jeweilige andere Person hinein zu fühlen versuchen, gemeinsam dialogisch interpretiert werden (vgl. Fuhr/Dauber, 2002, S. 21). Ebenso verhält es sich mit Wertorientierungen, Normen und Regeln, Rollenerwartungen, Gefühlen, Gedanken und Definitionen, also mit intersubjektiven und kulturellen Gegebenheiten. Dabei können durch gegenseitige Verstehensprozesse Erkenntnisse gewonnen werden. Generell entstehen Erkenntnisse auf der linken, der Innenseite des Modells, ausschließlich durch Interpretationen gewonnen (vgl. Fuhr/Dauber, 2002, S. 24) und sind im Gegensatz zu den Ergebnissen der rechten Seite empirisch weder beobachtbar noch messbar (vgl. ebd., S. 19).

Fuhr und Dauber gehen davon aus, dass die Ergebnisse der verschiedenen Dimensionen miteinander zusammen hängen, sich subjektive innere Prozesse meistens in bestimmten Verhaltensweisen widerspiegeln und sich auf systemische Dynamiken auswirken welche oft auf Normen und kulturellen Werte etc. beruhen. Demnach kann laut Fuhr und Dauber in den Dimensionen unterschieden werden, wobei diese aber nicht getrennt voneinander betrachtet werden. Den Erkenntnissen beider Realitäten, der Inneren und der Äußeren, wird gleichermaßen eine „eigenständige Gültigkeit" (Fuhr/Dauber, 2002, S. 21) zugesprochen.

4. „Selbsterforschung im Dialog" (vgl. Fuhr/Dauber, 2002, S. 25)

Das Prinzip der dialogischen Selbsterforschung geht davon aus, dass sich die Forscher*innen und Praktiker*innen selbst reflektieren und Gefühle, Impulse, innere Dialoge und Gefühlslagen wahrnehmen, um dadurch eigene Handlungsweisen besser verstehen zu können und „damit einen persönlichen und kollektiven Forschung- und Lernprozess" (Fuhr/Dauber, 2002, S. 25) anregen und unterstützen. In ihrem Dialogverständnis lehnen sich Fuhr und Dauber u. a. an das des Religionsphilosophen Martin Buber und des Quantenphysikers David Bohm. Dies zeichnet sich durch bestimmte Kommunikationsqualitäten, wie beispielsweise ein wertschätzendes als auch akzeptierendes Zuhören und das Gestalten und Hinterfragen von Denkprozessen aus. Während dieser Prozesse muss sichergestellt sein, dass sich die Teilnehmer*innen in einem Beziehungsklima wissen, in dem sie weitestgehend vor Verletzungen oder Abwertungen geschützt sind, um nachweislich gute Bedingungen für nachhaltige Lernprozesse zu schaffen (vgl. ebd., S. 26 ff.).

Anknüpfend an die Prinzipien der Praxisentwicklungsforschung wird im nächsten Unterkapitel die Kohärenz zwischen Innovation, Erkenntnis und Praxisgestaltung dargestellt.

1.3 Dreieck von Innovation/Erkenntnis/Praxisgestaltung

Fuhr (2002) versteht Praxisentwicklungsforschung als einen umfangreichen Rahmen, in dem die zu erforschende pädagogische Praxis wissenschaftlich nachvollziehbar und überprüfbar neu- oder weiterentwickelt wird. Ein wesentlicher Schwerpunkt liegt seiner Meinung nach in dem Bewusstwerden des eigenen Erlebens und Denkens aller am Prozess Beteiligten und sieht die Forscher*innen während des Forschungsprozesses als Teil der Praxis (vgl. S. 78).

Die Praxisgestaltung pädagogischer Praxis ist nach Fuhr sowohl die Neuerschaffung als auch die Umgestaltung bestehender Praxis, wobei er explizit darauf verweist, dass es sich nicht um die Gestaltung von alltäglicher Praxis handelt. Im Rahmen einer Transformation von bestehender Praxis ginge dies damit einher, dass Praxisforscher*innen „mit der bisherigen Gestaltung einer Praxis nicht zufrieden [sind]" (Fuhr, 2002, S. 80, Klammerangabe KW). Daraus ergibt sich die Innovation, Bestehendes weiterzuentwickeln oder neue Ansätze zu integrieren, um währenddessen oder im Anschuss Erkenntnisse unterschiedlicher Dimension zu gewinnen, welche „in nachvollziehbarer Weise erarbeitet und intersubjektiv überprüft werden müssen" (Fuhr, 2002, S. 80).

Aufbauend auf den vorherigen Ausführungen wurde das Modell nach Fuhr genutzt, um die Intentionen der Praxisentwicklungsforschung zu verdeutlichen:

Abb. 2: Intentionen der Praxisentwicklungsforschung nach Fuhr, 2002, S. 81

Im Rahmen der vorliegenden Praxisentwicklungsforschung lassen sich die Intentionen wie folgt beschreiben:

Innerhalb der wöchentlichen Dienstbesprechung des Wohngruppenteams hat sich der Bedarf einer Um- bzw. Neugestaltung herauskristallisiert (Praxisgestaltung). Durch den bewussten Einsatz des Dialogs in Form von geleiteten Dialogrunden nach Bohm und Buber innerhalb der Besprechungen (Innovation) erhoffe ich mir eine Verbesserung der Kommunikation, einen bewussteren und achtsameren Umgang untereinander und anlehnend an die aktuelle Resilienzforschung eine höhere Widerstandsfähigkeit innerhalb des Teams (Ergebnisse).

Anhand der zuvor in Kapitel 1.1 skizzierten Praxisprinzipien, als auch die in diesem Kapitel vorgestellten Innovationen, wird zum einen die Komplexität von Praxisentwicklungsforschung erkennbar, zum anderen offenbart sich zunehmend der Charakter der Selbigen, nämlich die aktive Verknüpfung von Wissenschaft und Persönlichkeits- und Gemeinschaftsentwicklung (vgl. Fuhr, 2002, S. 77). Zudem wird deutlich, dass es nicht alleinig um die Gestaltung der alltäglichen Praxis oder das alleinige Hervorbringen von Ergebnissen geht (vgl. ebd., S. 80). Vielmehr setzt Praxisentwicklungsforschung sich aus vielen Teilen zusammen. Um dieser

Vielseitigkeit eine Struktur zu verleihen, schlägt Fuhr ein Modell vor, welches im Folgenden erklärt wird.

1.4 Orientierungsmodell der Praxisforschung

Das Orientierungsmodell nach Fuhr ist in unterschiedliche Kapitel unterteilt und soll Praxisentwicklungsforscher*innen als Leitfaden und als eine in sich offen gehaltene Orientierungshilfe dienen. Fuhr versteht die Praxisforschung nicht als lineares Konzept, sondern verweist explizit auf einen zirkulären, sich windenden, komplexen, z.T. auch chaotischen Prozess. Daran anlehnend versteht er die einzelnen Kategorien des Modells als stützendes Gerüst (vgl. 2002, S. 81). Fuhrs Auffassung nach streift jeder Prozese der Praxisgestaltung alle der folgenden Kategorien, wenngleich mehr oder weniger intensiv und in unterschiedlicher Reihenfolge (vgl. Fuhr, 2002, S. 80). Nachfolgend werden die einzelnen Elemente des Gerüsts dargestellt.

1. „Aufgabe und Intention" (vgl. Fuhr, 2002, S. 83)

In diesem Schritt müssen sich Praxisforschende Klarheit über ihr angestrebtes Projekt verschaffen, indem sowohl die Dimension des Machens, der Innovationsaspekt und auch der gewünschte Erkenntnisgewinn berücksichtigt wird (vgl. ebd., S. 83). Fuhr vergleicht den Schritt von Ausarbeitung der Aufgaben mit dem Formulieren von Hypothesen im Rahmen quantitativer Forschungsverfahren. Verschiedene „W-Fragen" müssen geklärt werden, wie z.B.: Welche Art von Projekt soll durchgeführt werden? Wer ist beteiligt und wer sind die Adressate*innen? (vgl. ebd., S. 83). Neben den allgemeinen Praxisprojektintentionen geht es aber auch wie bereits dargestellt um die Intentionen der Forschenden, die mit dem Gesamtprojekt in Beziehung gesetzt werden (vgl. ebd., S. 84). Hierbei soll den Fragen nachgegangen werden, welche Ideen und Vorstellungen in der Praxisentwicklungsforschung erprobt und umgesetzt werden sollen und welche Ergebnisse können möglicherweise dabei entstehen? Kann über die Praxisentwicklung hinaus mit Erkenntnissen gerechnet werden? (vgl. ebd., S. 84).

2. „Vorgehensweise und Evaluierung" (Fuhr, 2002, S. 84)

In diesem Schritt soll die Vorgehensweise konkretisiert werden, d.h. Praxisforscher*innen müssen sich fragen, welche der einzelnen Kategorien des Orientierungsmodells, bezogen auf ihr individuelles Projekt, relevant sind und in welcher Weise und Intensität diese zu berücksichtigen sind. Sie müssen der Frage nachgehen, wie die verschiedenen Schritte von Beginn bis zur Projektreflexion zu füllen sind und wie sie den Projektverlauf sowohl auf Stimmigkeit als auch auf Widersprüche mittels fortlaufender Evaluierung überprüfbar machen. Konkrete didaktischen Methodenwerden an dieser Stelle noch nicht ausgearbeitet, da es in diesem Stadium die Konzeptionsarbeit geht (vgl. ebd., S. 84).

3. „Kontextbeschreibung und Kontextanalyse" (Fuhr, 2002, S. 84)

An diesem Punkt stellt sich die Frage was benötigt wird, um das Praxisforschungsprojekt zu realisieren. Welche institutionellen Voraussetzungen sind gegeben und welche Erwartungen stellt die Praxis und der oder die Auftraggeber*in an die Forschung. In diesem Schritt ist nicht nur die Institution in der die Forschung stattfinden soll in die Analyse mit einzubeziehen, sondern auch die teilnehmenden Menschen, ihr Vorwissen, ihre Motivation, die Bereitschaft und Erwartungen. Darüber hinaus sind Normen, Werte und Regeln ebenso relevante Faktoren. Fuhr macht an dieser Stelle besonders deutlich, dass zu den Teilnehmenden ebenso der oder die Praxisforscher*in zählt. Praxisforschende müssen sich selbstreflexiv der eigenen Motivation gegenüber dem Projekt bewusst sein, sich der eigenen projektbezogenen Kompetenzen und Erfahrungen sicher sein und sich gegenüber der Thematik positionieren und sich die Frage stellen, ob und inwieweit es möglicherweise innere Widerstände oder traumatische Vorerfahrungen geben könnte (vgl. Fuhr, 2002, S. 84ff).

4. „Theoretische Grundlagen und Forschungsbefunde" (Fuhr, 2002, S. 86)

In dieser Projektphase müssen sich Praxisforschende darüber im Klaren sein, auf welche empirischen Theorien sie sich beziehen, bzw. welche in der jeweiligen Forschungsbereichen relevant und von Bedeutung sind. Neben psychologischen, philosophischen und pädagogischen sind nach Fuhr z.b. auch soziale Theorien und erkenntnistheoretische Grundlagen relevanter pädagogischer Konzepte zu berücksichtigen auf die sich Praxisforschende beziehen können (vgl. ebd., S. 86). Der Umfang der Rekonstruktion von theoretischen Aspekten misst sich laut Fuhr zum einen am persönlichen Anspruch der Forscher*innen und auch an dem Kontext, in dem das Forschungsprojekt durchgeführt wird. Er unterscheidet in diesem Zusammenhang z.b. zwischen Seminar- und Magisterarbeit oder einem freiem Projekt (vgl. ebd., S. 86).

5. „Pädagogisch-didaktische Prinzipien" (Fuhr, 2002, S. 87)

Diese von Praxisforschenden auszuformulierenden Prinzipen versteht Fuhr als Bindeglied zwischen Theorie und Praxis. Didaktische Prinzipien dienen als Orientierung und bilden „die Leitlinien des Handelns" (ebd., S. 87). Dabei bezieht sich Fuhr auf eigene Erfahrungswerte wenn er vorschlägt, dass Forschende drei bis vier Praxisprinzipien auswählen sollten, an denen sie sich während des gesamten Projekts, von der Auswahl über die Durchführung, bis hin zur Evaluation orientieren. Die Prinzipien begründen sich aus der Aufgabenstellung, dem Kontext, den empirischen und theoretischen Grundlagen als auch auf der Erfahrung und Intention der Praxisforschenden. Mit den Prinzipien vertreten die Forschenden eine Ansicht, denn sie geben an, worauf es ihnen in der Forschung ankommt, auf welche erkenntnistheoretischen Grundannahmen sie sich beziehen und welche grundlegenden Theorien berücksichtigt werden (vgl. ebd., S. 87f, 90). Mögliche didaktische Praxisprinzipien könnten z.B. sein: Ganzheitlichkeit, Dialogorientierung, Prozessorientierung, Praxisnähe oder Lösungsorientierung. Bei der Auswahl der Prinzipien obliegt es den Praxisforschenden sicherzustellen, dass sich die jeweiligen Prinzipien nicht gegenseitig widersprechen (vgl. ebd., S. 92).

6. „Anregungsmodelle" (Fuhr, 2002, S. 95)

In diesem Schritt soll es nach Fuhr (2002) darum gehen, zu prüfen, ob es bestehende, theoretisch gut begründete Konzepte, Ansätze oder Modelle gibt, die sowohl mit den didaktischen Prinzipien der Praxisforschenden als auch mit dem Forschungsprojekt vereinbar sind. Dabei gilt, dass Modelle und Konzepte transferiert, also dahingehend verändert werden können und müssen, damit sie im Projektkontext anwendbar werden (vgl. ebd., S. 95).

7. „Eigenes Konzept für die Praxis" (Fuhr, 2002, S. 96)

An dieser Stelle des Orientierungsmodells bündeln sich zunächst die Ergebnisse aller bisherigen Schritte. Auf Grundlage der Intentionen und Aufgaben, der Vorgehensweise, der Kontextanalyse, der Berücksichtigung bestimmter erkenntnistheoretischer Grundannahmen und Theorien in Form von didaktischen Prinzipien wie auch der Bezugnahme auf theoretisch begründete Modelle, kann „das eigene Praxisprojekt entwickelt werden" (ebd., S. 96). Da die Planung eines jeden Projektes individuell zu gestalten und zu entwickeln ist, wird jede*r Praxisentwicklungsforscher*in das Konzept maßgeschneidert auf das eigne Projekt entwerfen. Die zuvor ausgearbeiteten Schritte werden konkretisiert und mit weiteren Inhalten gefüllt. Es können beispielsweise Methoden, Vorgehensweisen und Zielvorstellungen ausgearbeitet und geplant werden. Darüber hinaus ist zu klären, ob die Projektleitung von einer einzelnen Person oder von einem Team übernommen wird und ob sich Leitende als (An-)Leiter*innen oder als Moderator*innen verstehen und als solche agieren. Wird in einem Projektteam gearbeitet, müssen die einzelnen Rollen mit den dazugehörigen Zuständigkeiten und Verantwortungen bestimmt werden (vgl. Fuhr, 2002, S. 96ff). Im Weiteren muss festgelegt werden, wie „die Praxis dokumentiert werden [soll]" (ebd., S. 98, Klammerangabe KW). Fuhr versteht darunter nicht nur den Prozess des Niederschreibens während der Praxis sondern auch die Dokumentation der Planung, der Durchführung und ebenfalls Notizen und Ereignisse die außerhalb des Praxisgeschehens stattfinden. Dies kann durch das Führen eines Forschungstagebuchs während des gesamten Projektverlaufes sichergestellt werden (vgl. ebd., S. 98f). In einem weiteren Schritt ist von Praxisforschenden zu entscheiden, wie sie die Praxisentwicklungsforschung evaluieren werden, wobei auch hier wieder deutlich auf die Passung zum jeweiligen Projekt hingewiesen wird. Die Methode muss sowohl in das Gesamtkonzept passen und darf nicht im Widerspruch zu den formulierten Praxisprinzipien stehen. Grundsätzlich ist nach Fuhr jede Form der Evaluierung möglich, insofern sie anwendbar und gut begründet ist und zum Konzept des Projektes passt. In diesem Zusammenhang darf nicht vergessen werden, dass Praxisforschende auf Grund ihrer bewussten Teilhabe an der Praxis immer auch selbst Gegenstand der Evaluation sind (vgl. ebd., S. 99).

8. „Planung, Durchführung und Auswertung der Praxis" (Fuhr, 2002, S. 99)

In diesem vorletzten Schritt geht es um die Umsetzung der geplanten Praxisforschung. Dazu gehört u.a. die Materialauswahl, die Entwicklung und Anwendungen von Methoden und Übungen wie auch darum, den Prozess mit einem gewählten Instrument zu evaluieren und Ergebnisse zu interpretieren (vgl. ebd., S. 99f).

9. „Fazit und Perspektiven" (Fuhr, 2002, S. 100)

An dieser Stelle werden von Praxisforschenden die Ergebnisse und Erkenntnisse in Bezug auf die Ausgangsfrage reflektiert, zusammengefasst und formuliert. Es soll rekonstruiert werden, inwieweit die Aufgabenstellung beantwortet, bzw. erfüllt werden konnte. Darüber hinaus muss geprüft werden ob Abweichungen stattgefunden haben aus denen sich ggf. an manchen Stellen weitere Entwicklungsbedarfe aufgetan haben. Praxisforschende können Empfehlungen für den Praxiskontext formulieren und Schlussfolgerungen ziehen. Neben der Reflexion der Praxis, reflektiert der oder die

Praxisforscher*in auch stets den persönlichen Prozess, d.h. die eigene Rolle als Praxisentwicklungsforschende bezogen auf „die persönlichen und professionellen Erfahrungen, Schwierigkeiten und Erkenntnisse während des Praxisentwicklungsprojekts. Die professionellen Stärken und Kompetenzen des Praxisentwicklungsforschers können dabei ebenso bewusst werden wie aufgetretene Defizite im professionellen, persönlichen und konzeptionellen Bereich" (Fuhr, 2002, S. 100).

Fuhr bietet auch hier mögliche Fragen an, die unterstützend in der Prozessreflexion sein könnten, wie z.B.:

- „Was beeinflusste den Erfolg/Misserfolg des Projekts in den einzelnen Phasen oder im Hinblick auf bestimmte Aspekte nach meiner Einschätzung/nach Einschätzung der Beteiligten/Betroffenen?
- In welchen Phasen habe ich am meisten, in welchen am wenigsten gelernt?
- Welche Visionen, Überzeugungen, Absichten, Ziele etc. konnte/musste ich an welchen Orten aufgeben oder revidieren? Welche wurden bestätigt?
- Wann traten im Verlauf des Entwicklungsprozesses (vielleicht auch des Dokumentationsprozesses bzw. beim Schreiben des Forschungsberichts) Faszination, Irritation, Konsolidierung, Blockierungen, Resignation etc. auf?" (Fuhr, 2002, S. 102).

Diese Fragen stehen exemplarisch für Fragen, die sich Praxisforscher*innen während des gesamten Projektes reflexiv stellen sollen. Es geht nicht darum, ausschließlich die Durchführung der Praxis zu hinter, bzw. zu befragen um zu Ergebnissen zu gelangen, sondern ebenso darum, sich selbst im Forschungsprozess zu reflektieren und zu entwickeln (vgl. ebd., S. 100).

1.5 Praxisprinzipien

In dem vorliegenden Artikel wurde während der Praxisforschung jeder der neun Schritte des Orientierungsmodells beachtet, wenngleich ich mich hauptsächlich an den vier Praxisprinzipen der Praxisentwicklungsforschung orientiert habe, welche zuvor ausführlich im Kapitel 1.1 vorgestellt wurden. Nachfolgend werden die Praxisprinzipien bezogen auf die Praxisentwicklungsforschung genauer ausgeführt.

Durch meine aktive Teilhabe als Erzieherin am pädagogischen und organisatorischen Gruppenalltag, der Teilnahme an Dienstbesprechungen und meiner Rolle als Praxisforscherin innerhalb des Teams sowie der Beteiligung meiner Kolleg*innen am Forschungsprozess sind Forschung und Praxis im Sinn von Fuhr und Dauber miteinander verflochten. Dazu wende ich erlernte Methoden und Ergebnisse der empirischen Sozial- und Gesundheitswissenschaft in der Praxis an, bzw. verbinde diese miteinander und setzte sie in Zusammengang, um Erkenntnisse gewinnen zu können. Indem sowohl der Forschungsprozess als auch die Ergebnisse im Rahmen des Artikels veröffentlicht werden, werden sie nachvollziehbar, diskutierbar und können dadurch sowohl modifiziert als auch widerlegt werden (vgl. Fuhr/Dauber 2002, S. 17).

Ich verstehe Praxisentwicklungsforschung als eine Form von Entwicklung und nach meinem Verständnis ist Entwicklung immer mit Prozessen verbunden. Den Prozessen, vornehmlich auch die Prozesshaftigkeit des Denkens, werde ich ebenso viel Bedeutung beimessen wie den Ergebnissen des Praxisprojekts selbst. Sie werden rekonstruieren und auf nachvollziehbare Art und Weise dokumentiert, wonach dem zweiten Prinzip nach Fuhr und Dauber, dem der Prozessorientierung, entsprochen wird (vgl. ebd., S. 18).

Die allgegenwärtige Prozesshaftigkeit, von der Planung, über die Durchführung bis hin zur Reflexion, der Erkenntnisgewinnung und der Bildung eines Fazits, werde ich unter Berücksichtigung, bzw. der Wahrnehmung der Innen- und Außenperspektiven als auch der Tiefen- und Oberflächenstrukturen betrachten und reflektieren. Zu den „vier Dimensionen der Wirklichkeit" (Fuhr/Dauber, 2002, S. 18) gehört nicht nur meine Perspektive als Forscherin, sondern ebenso die Betrachtungsweise meiner Kolleg*innen (den Praktiker*innen). Ihre, meine und unsere gemeinsamen Wahrnehmungen, Gefühle und Erkenntnisse bezogen auf die Praxis und auch die aus der Selbstreflexion gewonnenen Ergebnisse und Ansichten werden berücksichtigt. Das heißt, dass alle Beteiligten gleichermaßen auf ihr inneres Erleben blicken und zusammenhängend mit der Praxisforschung betrachten und ich diese Dimensionen als gleichberechtigte[38] Erkenntnisquellen wahrnehme (vgl. ebd., S. 18, 22, 24, siehe dazu auch Abb. 1 Kapitel).

Durch das Gewahrsein der „subjektiven und intersubjektiven Erkenntnisweisen im wissenschaftlichen Kontext" (Fuhr/Dauber, 2002, S. 25) bildet die Selbsterforschung im Dialog ein weiteres Prinzip, welches während der Praxisentwicklungsforschung eingehalten wird (vgl. ebd., S. 25). Ich werde versuchen, meine Handlungen und Denkweisen zu ergründen, um mich mit meinen Impulsen, Gefühlen und Intentionen in einem bewussten Prozess wahrzunehmen um diese Prozesse zu reflektieren, um mich selbst und meine Handlungsweisen besser verstehen zu können. Dies trifft auf mich selbst und ggf. auch auf meine Kolleg*innen zu. Erkenntnisse aus der bewussten Selbstreflexion und Erkenntnisse, die im dialogischen Austausch mit meinen Kolleg*innen entstanden sind, betrachte ich als persönliche Lernschritte wie auch als unterstützende Elemente im Forschungsprozess. Das dialogische Erforschen ist anlehnend an das dialogische Verständnis nach Bohm und Buber zu verstehen, welches durch einen wohlwollenden, geschützten Austausch, Authentizität und durch „ein Sich-Einfühlen und Sich-hinein-Phantasieren in die Welt des jeweils anderen gekennzeichnet ist" (Fuhr/Dauber, 2002, S. 26). Da das dialogische Prinzip nach Bohm und Buber grundlegend für meine Praxisentwicklungsforschung ist, folgt eine genauere Darstellung in Kapitel vier, „Theoretische Grundlagen" dieses Artikels.

Zunächst wird im nachfolgenden Teil die Dokumentation der Praxisentwicklungsforschung beginnen, welche mit der Kontextanalyse und Kontextbeschreibung beginnt.

---

38   Gleichberechtigt wird hier im Gegensatz, bzw. in Ergänzung zu Forschungsmodellen verstanden, deren Erkenntnisse fast ausschließlich anhand der Außenperspektive oder Oberflächenstrukturen der Dimensionen der Wirklichkeit gewonnen werden, deren Hauptmerkmal die Objektivität bei der Datengewinnung zugrunde liegt (vgl. Fuhr/Dauber, 2002, S. 24).

2. Kontextanalyse und Kontextbeschreibung

Praxisentwicklungsforschung setzt sich aus Innovation, Erkenntnis und Praxisgestaltung zusammen und orientiert sich im zuvor dargestellten Orientierungsmodell und den vier Praxisprinzipien. Ein grundlegendes Element bildet dabei die zu generierende Praxis. Um diese genau darzustellen wird die Einrichtung als Praxisfeld vorgestellt, in der die Praxisforschung stattgefunden hat. Es scheint mir dabei unerlässlich, die Rahmenbedingungen und die Tätigkeiten des Wohngruppenteams explizit darzustellen. Dadurch soll verdeutlicht werden, welchen Stellenwert die wöchentliche Dienstbesprechung innehat, in der die alltäglichen Ereignisse des Gruppengeschehens im kollegialen Austausch reflektiert werden. Dazu gehört u.a. die kollektive Beratung bei krisenhaften Verläufen oder Vorfällen und auch die bedarfsorientierte Überprüfung und Entwicklung pädagogischer Ziele.

2.1 Das Praxisfeld

Die Einrichtung ist eine Zweigruppeneinrichtung und bietet ein vollstationäres Angebot der Hilfen zur Erziehung nach §§ 27, 34, 42[39] des achten Sozialgesetzbuch (SGB VIII), Kinder- und Jugendhilfegesetz (KJHG). Die Einrichtung unterteilt sich in eine Clearing- und Inobhutnahmegruppe sowie in eine Regelwohngruppe. Da sich meine pädagogische Tätigkeit und die Praxisentwicklungsforschung innerhalb der Wohngruppe, bzw. in dem Wohngruppenteam entwickelt hat, wird im Folgendem der Fokus auf der Regelwohngruppe der Einrichtung liegen.

Die Wohngruppe bietet neun Kindern und Jugendlichen im Alter zwischen sechs und 18 Jahren ein Zuhause oder (und) vorübergehenden Lebensort, da sie aus unterschiedlichen Gründen nicht mehr in ihrem Herkunftssystem leben können oder wollen. Die Dauer der Unterbringung orientiert sich immer am einzelnen

---

[39] Damit sind folgende Unterbringungen nach Rechtsgrundlage des KJHG, SGB VIII gemeint:
§27, Hilfe zur Erziehung, §34, Heimerziehung, §42, Inobhutnahme.

Kind oder Jugendlichen, dem familiären Umfeld und der zu verändernden Ausgangssituation, die oftmals zu der Unterbringung geführt hat. Um eine individuelle Hilfe zu gestalten und deren Umsetzung möglichst ziel- und ressourcenorientiert zu ermöglichen, ist in der hier beschriebenen Gruppe eine längerfristige Perspektive von mindestens eineinhalb Jahren erwünscht. Das Partizipationsrecht der Kinder und Jugendlichen ist innerhalb aller Prozesse zu berücksichtigen. Die Betreuung der Kinder und Jugendlichen wird durch zwei verschiedene Dienstformen im Rahmen der Schichtarbeit sichergestellt. Von montags bis freitags gibt es einen Tagdienst, dieser geht von 12-21 Uhr und zusätzlich gibt es einen Nachtdienst, der sich von 12 Uhr mittags bis zum darauf folgenden Tag um 12:30 Uhr erstreckt. An den Wochenenden, also samstags und sonntags ist eine Person alleine in der Gruppe und stellt den Nachtdienst, zusätzlich sind Rufbereitschaften installiert. Neben den alltäglichen Diensten trifft sich das Team einmal wöchentlich für ca. 3,5-4,5 Stunden zur Dienstbesprechung und ca. alle sechs bis acht Wochen findet eine Supervision statt. Diese kann nach Bedarf für einen konkreten Fall, für organisatorische oder das Team betreffende Angelegenheiten genutzt werden. Die in der Konzeption festgeschriebene pädagogische Betreuung der Regelwohngruppe obliegt einer freigestellten Einrichtungsleitung, einer nicht freigestellten Gruppenleitung in Vollzeit, drei Erziehern*innen in Vollzeit und eine*r Praktikant*in im Berufsanerkennungsjahr, ebenfalls in Vollzeit. Zusätzlich gibt es eine Person die den Bundesfreiwilligen Dienst oder ein Freiwilliges Soziales Jahr absolviert. Darüber hinaus ist in jeder Gruppe eine Hauswirtschaftskraft und eine Reinigungskraft tätig.

2.2 Das Wohngruppenteam

Da sich die Praxisgestaltung innerhalb des Wohngruppenteams, bzw. im Rahmen der Dienstbesprechung entwickelt hat, werden die Kolleg*innen aus denen sich das Team zusammensetzt, anonymisiert vorstellen.

Zu Beginn[40] der Praxisentwicklungsforschung setzte sich das Team folgendermaßen zusammen:

- Eine Sozialarbeiterin, in Teilzeitbeschäftigung (75 %). Sie erfüllt neben dem Gruppendienst die Funktion der Gruppenleitung, mehrjährige Berufserfahrung
- Drei Erzieherinnen, wovon eine in Vollzeit und die anderen beiden in Teilzeit mit einem Arbeitsanteil von 75% arbeiten. Alle drei Personen arbeiten schon mehrere Jahre in der Einrichtung
- Ein Erzieher in Vollzeit, ebenfalls mit langjähriger Berufserfahrung innerhalb der Einrichtung.
- Eine Berufspraktikantin, in Vollzeit bzw. Erzieherin im Anerkennungsjahr (AKJ). Während der Durchführung der Forschung beendete sie ihr Anerkennungsjahr und arbeitet seit dem mit einem Arbeitsanteil von 75% als Vertretungskraft im Team.
- Die Stelle der Berufspraktikantin wurde neu besetzt und wird von einer Kolleg*in in Vollzeit ausgeführt.

In Anbetracht von unterschiedlich langen Verweildauern, Berufserfahrungen und Charaktere die in einem Team vorzufinden sind, entstehen unterschiedliche und ungleiche Strukturen und Positionen. Widulle (2012) beschreibt, dass in einem Team selten ausgewogene Machtstrukturen vorzufinden sind, so fehle z.B. neue Kolleg*innen oft ein ausreichendes Selbstvertrauen um sich in Dienstbesprechungen einzubringen, wobei „Alteingesessene" die Gesprächsführung eher an sich reißen (vgl. Widulle, 2012, S. 177). Anlässlich dieser Auffassung ist anzumerken, dass im dargestelltem Team die Praktikantin im Anerkennungsjahr als „neue" Kolleginnen betrachtet werden kann. Wird also die AKJ-Praktikantin und die befristet eingestellte Vertretungskraft ausgeklammert, arbeitet

---

[40] Da die Praktikantin im Berufsanerkennungsjahr zum August jeden Jahres wechselt, ist im zweiten Teil der Praxisforschung eine neue Kollegin im Team. Ihr wurde das gleiche Material, wie den anderen Kolleg*innen auch zur Verfügung gestellt, um sich in den Dialogrunden innerhalb des Teams zurechtzufinden.

das „Stammteam" in der oben genannten Konstellation seit nunmehr drei Jahren fest zusammen.

Die Zusammensetzung des Teams ist nicht bewusst feminisiert[41]. Das ungleiche Verhältnis zwischen Frauen und Männern innerhalb des Teams hat sich aus dem Mangel an männlichen Bewerbern bei Stellenneubesetzungen ergeben und hat keinen konzeptionellen Hintergrund.

2.3 Aufgaben des Wohngruppenteams

Um die pflichtbewusste Aufgabe darzustellen, die das Team der Wohngruppe innehat, werden zunächst die allgemeinen pädagogischen Aufgaben dargestellt um die Verantwortung zu verdeutlichen, die wir als Pädagog*innen gegenüber den Kindern und Jugendlichen haben, welche für eine begrenzte Zeit in unsere Obhut gegeben wurden.

3.3.1 Das pädagogische Arbeitsfeld des Wohngruppenteams

Im Folgenden beziehe ich mich ausschließlich auf die grundlegenden und sehr allgemeingefassten Tätigkeiten des Wohngruppenteams, in dem ich arbeite und indem ich die Praxisentwicklungsforschung durchgeführt habe.

In der Zeit, in der die Kinder und Jugendlichen in der Wohngruppe leben, ist das Team der Einrichtung dahingehend verantwortlich, unter Beachtung und Berücksichtigung des SGB VIII, KJHG, die Versorgung und Betreuung der Bewohner*innen in allen Angelegenheiten des Alltags sicherzustellen. Hierzu gehört die Sicherstellung einer ganzheitlichen gesundheitlichen Fürsorge (sowohl psychisch als auch physisch), die Wahrnehmung der Schulpflicht, die materielle Versorgung (Kleidung, Schulmaterial, Ausstattung des eigenen Zimmers etc.) und die Versorgung der emotionalen und sozialen Bedürfnisse. Oftmals geht dies mit einer Einbindung in den neuen Sozialraum einher. Dazu könnte beispiels-

---

[41] Zur Geschlechterverteilung und anderen personenbezogenen Merkmale im Rahmen der Kinder- und Jugendhilfe gibt es ausführliche Zusammenfassungen von Fuchs-Rechlin und Rauschenbach (2018, S. 579 - 608)

weise die Möglichkeit eins Schulwechsels in Betracht gezogen werden, oder der Frage nachgegangen werden ob das Kind oder der/die Jugendliche in einem Sport- oder Freizeitverein vor Ort angemeldet werden kann. Dennoch sollte immer gewährleistet sein, dass ressourcenstärkende Kontakte zum außerfamiliären Herkunftssystem, also bestehende Freundschaften aufrechterhalten werden. Überdies sind unter Berücksichtigung der Unterbringungsgründe und der Wünsche und Bedürfnisse der Kinder und Jugendlichen, die Kontakte zur Herkunftsfamilie (Eltern, Geschwister, Großeltern ...) zu unterstützen, bzw. diese so zu gestalten, dass sie für das Kind, den oder die Jugendliche als auch für die Familie förderlich und positiv erlebt werden können.

Darüber hinaus werden Fachgespräche und Hilfeplangespräche (HPG) im Turnus von ca. sechs Monaten zusammen mit den Kindern und Jugendlichen, den Personensorgeberechtigten (Eltern und/oder Vormünder*innen) und den am Hilfeprozess beteiligten Fachkräften vorbereitet, geführt und mit den Bewohner*innen reflektiert. Dem HPG wird eine besondere Rolle zugeschrieben, weil es als reflexives Instrument genutzt wird und zur Überprüfung des Hilfeangebots gesetzlich festgelegt ist und zusätzlich zur Zielformulierung für die weitere Hilfe dient. Die gemeinschaftlich formulierten Ziele sollten realisierbar sein und bestmöglich umgesetzt werden. Der Fortschritt wird im folgenden HPG überprüft. Die HPGs haben zum einen das Protokoll des letzten Gespräches, aber auch einen vorab formulierten Entwicklungsbericht über das Kind oder den/die Jugendliche als Grundlage. Diese Entwicklungsbeschreibung wird federführend durch die fallzuständige Fachkraft des Wohngruppenteam formuliert, wobei sich diese aus der fachlichen Meinung, Erfahrungen und Sichtweisen aller Kolleg*innen zusammensetzt. Neben den zuvor dargestellten Tätigkeiten und Gesprächen finden täglich Telefonate u.a. mit Eltern, Vormünder*innen, Gutachter*innen, Verfahrensbeiständen, Anwält*innen, Lehrer*innen und verschiedenen Ämtern, beispielsweise mit dem Ausländeramt, Gesundheits- oder Jugendamt statt. Da nicht sichergestellt ist, dass die fallzuständige Kolleg*in immer erreichbar ist, sollten alle Kolleg*innen grundlegende, das Kind betreffende Angelegenheiten wissen, um nicht nur externen Gesprächspartner*innen begegnen zu können, sondern auch um sich als Ansprechpartner*in bei Fragen, die das Kind oder der/die Jugendliche haben könnte, anbieten zu können. Bei der aufgeführten Auswahl der möglichen Gesprächspartner*innen wird deutlich, wie umfangreich und vielschichtig das Basiswissen der diensthabenden Kolleg*innen sein muss, um den Alltag der Wohngruppe hinreichend gestalten zu können. Ebenso ist die Organisation des Alltags mit einem hohen Maß an Koordination verknüpft. Um sicherzustellen, dass alle Kolleg*innen zum jeweiligen Dienstbeginn informiert werden, was in ihrer Abwesenheit im Gruppenalltag geschehen ist, muss auf eine gute und verlässliche Dokumentation des Geschehenen zurückgegriffen werden können. Die Vorkommnisse der Woche werden täglich dokumentiert und bilden zeitgleich die Grundlage für die wöchentlich stattfindende Dienstbesprechung.

2.4 Die Dienstbesprechung

Zunächst wird der inhaltliche und organisatorische Ablauf der Dienstbesprechung vorstellen, wie er ursprünglich konzipiert wurde. In einem weiteren Schritt wird die „Ist-Situation", mit Hilfe von Äußerungen und Wahrnehmungen meiner Kolleg*innen dargestellt und durch meine Beobachtungen ergänzt. Die sich daraus ergebene Veränderungsbedarfe, orientiert an den Bedürfnissen des Teams[42], werden anschließend vorgestellt.

Die Dienstbesprechung findet einmal wöchentlich statt. Sie beginnt um 9 Uhr und sollte um 12:30 Uhr beendet sein. Das bedeutet die Kolleg*innen, die am Tag vor und im Anschluss an die Dienstbesprechung Nachtdienst haben, verbringen mindestens vierundzwanzig Stunden in der Einrichtung. Die Dienstbesprechung wird von den Diensthabenden am Tag zuvor vorbereitet, indem sie die Vorkommnisse aus der vergangenen Woche, jedes einzelne Kind betreffend, schriftlich zusammenfassen. Diese Zusammenfassungen werden dem Team, nach dem verlesen des Protokolls der Vorwoche, vorgetragen. Sie sind thematisch vorstruktu-

---

[42] Veränderungen im Team wirken sich selbstverständlich in unterschiedlichen Formen direkt und indirekt und in unterschiedlicher Intensität auch immer auf die Kinder und Jugendlichen aus (vgl. dazu auch Henn, 2017).

riert und unterteilen sich in unterschiedliche Bereiche, wie z.b. Familie, Jugendamt/Vormund/Vormünderin, Schule, Freizeitgestaltung/Hobbys, besondere Vorkommnisse und bevorstehende Termine. Die Zusammenfassungen können von den Kolleg*innen durch fachliche Meinungen und subjektive Eindrücke ergänzt werden. Es findet ein fachlicher Austausch und auch eine kollegiale Beratung statt in der das einzelne Kind im Fokus steht. Darüber hinaus werden allgemeine Themen die den Gruppenalltag, das Regelwerk, das Team oder die Einrichtung als Ganzes betreffen, besprochen. Dieser Themenbereich stellt die „allgemeinen Punkte" dar und findet in einem eigenständigen Block statt. Somit teilt sich die Dienstbesprechung thematisch in zwei Bereiche. Inhaltlich geht es um Meinungsfindungen, demokratische Entscheidungen und /oder die Planung allgemeiner interner Prozesse, wie z.b. die Aktualisierung des Dienstplans, die Feriengestaltung, Planung von Ferienfreizeiten, die Gestaltung der Gruppe in der Vorweihnachts- oder Osterzeit, die Planung von Schulfahrten und Absprachen mit der Nachbargruppe. Oftmals handelt es sich um die Verteilung von Zuständigkeiten (z.B.: Wer holt die Kinder ab, wer kümmert sich um den Adventskalender, oder wer übernimmt die Anleitung der Kurzzeitpraktikant*in, wer kauft Geburtstagsgeschenke?).

Im Folgendem wird die Dienstbesprechung wie sie vor dem Projekt erlebt wurde anhand von Beobachtungen und Äußerungen von Kolleg*innen zu rekonstruiert.

2.4.1 Beobachtungen, Wahrnehmungen und das eigene Empfinden von Dienstbesprechungen

Über einen Zeitraum von mindestens drei Jahren ereigneten sich sequenzielle als auch kumulierte kritische Ereignisse und massive einschneidende Veränderungen innerhalb der gesamten Einrichtung, speziell innerhalb des Wohngruppenteams. Dabei handelte es sich einerseits um externe und auch um intern gewachsene Konflikte, die sich auf das Team auswirkten, es beeinflussten und erschütterten. Diese unterschiedlichen Vorkommnisse, die nach der

Definition[43] von Schulte und Kauffeld (2017) als Teamkrise beschrieben werden können, waren für unser Team von hoher Brisanz, wie z.B. Führungsprobleme, welche durch den Wegfall der Hausleitung hervorgerufen wurden. Diese Position wurde über lange Phasen nicht neu besetzt, wobei die Arbeit vom Team „aufgefangen" wurde. Zum anderen führte ein erhöhter Krankenstand zu einer Teamkrise, die Wiedereingliederung von Kolleg*innen nach langen krankheitsbedingten Ausfällen und Widerstand gegenüber angekündigten konzeptionellen Veränderungen. Daraus ergab sich ein überdurchschnittlich hohes Maß an Be- und Überlastung. Der damit einhergehende Mehrbedarf, nämlich strukturelle, organisatorische und pädagogische Prozesse gesondert vorzubereiten, zu begleiten, ab- und aufzuarbeiten und zu reflektieren, führte zu verdichteten Arbeitsanforderungen. Die Notwendigkeit von reflexiven Passagen und kollegialen Beratungen in Dienstbesprechungen nahmen zu, zeitgleich wirkte sich die ganzheitliche Be- und Überlastung negativ auf die Gesprächs- und Kommunikationsqualität und auf die Effektivität von Dienstbesprechungen aus. Mangelndes Zeitmanagement und wiederkehrende ins Leere laufende Diskussionen, häufige Störungen, unstrukturierte Abläufe und eine unruhige, z.T. auch aggressive Atmosphäre sowie Themenabweichungen waren vermehrt zu beobachten. Zunehmend wurden die Dienstbesprechungen von den Kolleg*innen als kräftezehrend, laut und schwierig erlebt. In solch einer Teamkrise steht nicht nur der Qualitätsverlust innerhalb der Dienstbesprechung und die pädagogische Arbeit, sondern auch das Gesundheitsempfinden der einzelnen Kolleg*innen im Fokus, denn laut Ehresmann (2017) wirken sich Überlastungen und emotionale Erschöpfungen negativ auf die psychische und physische Gesundheit aus (vgl. hierzu ausführlich: Ehresmann, S. 163-174). Das individuelle Belastungserleben von Dienstbesprechungen wird nachfolgend durch Aussagen meiner Kolleg*innen dargestellt.

---

[43] Als Teamkrise bezeichnen Schulte/Kauffeld Ereignisse, die unerwartet auf das Team treffen und Handeln unter hohem Zeitdruck erfordern und die Erreichung von wichtigen Zielen gefährdet ist.

Bei den Zitaten im vorliegenden Artikel handelt es sich um beobachtete Sachverhalte und Verhaltensweisen, die ich individuell wahrgenommen habe und sie dennoch aus der Außenperspektive betrachtet habe (siehe Kapitel 1.2.1, Abb. „Die vier Dimensionen der Wirklichkeit" vgl. Fuhr/Dauber, 2002, S. 22).

Die Aussagen wurden von mir mitgeschrieben.

- „Boah ist das anstrengend" (Forschungstagebuch Wilke, 2019, S. 2f).
- „Nach der letzten DB (Dienstbesprechung) hatte ich so'n Kopf" [Während der Aussage stellte die Kollegin mit Hilfe ihrer Hände den Umfang des eigenen Kopfes überdimensioniert dar] (ebd., S. 3).
- „Nach solchen Dienstbesprechungen schaffe ich kaum noch 'nen Nachtdienst, meine ganze Energie ist flöten" (ebd., S. 3).
- „Ich weiß gar nicht wie ich nach so einem Scheiß noch Dienst machen soll?!" (ebd., S. 3).
- „Das bringt doch hier eh alles nix. Lasst uns das lassen sonst schlagen wir uns noch die Köppe ein" (ebd., S. 3).
- „Wir haben schon wieder nicht alle Kinder geschafft und es ist schon kurz vor halb zwei [„geschafft" meint in diesem Zusammenhang, dass nicht alle Kinder, bzw. deren Zusammenfassung vorgetragen, bzw. reflektiert und besprochen wurden]" (ebd., S. 3).
- „Oahh Leute, das ist richtig nervig, ihr redet alle gleichzeitig" (ebd., S. 3)
- „Hallo, es redet nur einer" (ebd., S. 3).
- „Kannst Du das mal lassen, das stört" (ebd., S. 3f).
- „Das habe ich ja eben gesagt. Hör doch mal zu ... Man, das ist heute wirklich schlimm mit euch" (ebd., S. 4).

Mein persönliches Empfinden während und nach Dienstbesprechungen ist ähnlich. Ich kann nachvollziehen, dass meine Kolleg*innen die o.g. Aussagen treffen. Mein eigenes Erleben und selbstreflexive Passagen, also die individuelle Innenperspektive der „Vier Dimensionen der Wirklichkeit" (siehe Kapitel 1.2.1) und ebenso die Beobachtungen, die aus der individuellen Außenperspektive entstanden sind, habe ich nach verschiedenen Dienstbesprechungen zunächst aufgenommen und anschließend niedergeschrieben.

- „Wir sind so gut wie nie pünktlich fertig und überziehen meistens um mindestens 60 Minuten" (Forschungstagebuch Wilke, 2019, S. 4).

- „Wir lassen einander oft nicht aussprechen. Ich nehme mich nicht aus" (ebd., S. 4).

- „Manche Kolleg*innen reden oft dazwischen, sobald sie eine eigene Beobachtung über etwas gemacht haben, ansonsten sind sie eher still. Ich versuche nicht dazwischen zu reden. Ertappe mich aber, sobald es mir passiert. Ich achte mehr auf mich selber" (ebd., S. 4).

- „Oft entsteht ein Schlagabtausch, es wird laut. Positionen und Ansichten sind verhärtet. Dieses Gefühl des Festgefahrensein schlägt bei mir in Frustration und Resignation um. Ich nehme das Gefühl z.T. auch bei meinen Kolleg*innen wahr" (ebd., S. 4).

- „In der Vorwoche verabschiedete Beschlüsse werden erneut diskutiert, ohne neue Erkenntnisse. Das lässt in mir ein Gefühl von Zeitverschwendung und Verzweiflung entstehen" (ebd., S. 4f).

- „Zwischenbemerkungen werden entweder sehr laut eingeworfen, oder als Nebengespräch leise geführt. Manchmal werden mehrere Gespräche gleichzeitig geführt. Ich antworte auch auf Nebenfragen (ebd., S. 5).

- „Wir kommen immer wieder vom Thema ab und verwickeln uns in Gesprächsspiralen" (ebd., S. 5).
- „Dienste nach der Dienstbesprechung sind mit Abstand die anstrengendsten. Zum einen wegen der langen Zeit am Arbeitsplatz von 13,5 Stunden am Stück und der körperlichen Erschöpfung und der Gereiztheit, ausgelöst durch die Dienstbesprechung" (ebd., S. 5).
- „Es ist unruhig. Ich merke, dass ich selbst genervt bin. Ich habe wenig Geduld" (ebd., S. 5).
- „Der Ton, in dem wir miteinander reden, wird rauer und ich empfinde ihn z.T. auch als abwertend" (ebd., S. 5).
- „Ich erlebe oftmals eine gehetzte Stimmung, es herrscht so oft Zeitdruck" (ebd., S. 5).
- „Ich nehme bei Kolleg*innen und auch bei mir selbst Körperhaltungen und Gestiken wahr, die auf Unwohlsein, Abwesenheit und/oder Frustration deuten können, z.B. wenn der Kopf zwischen den Händen gehalten wird und der Blick nach unten gerichtet ist" (ebd., S. 5).
- „Oft werden Anekdoten am Rande erzählt, „Insider" oft sind sie richtig witzig. Viele Kolleg*innen aus dem „Stammteam" lachen. Ich lache auch. Ich nehme mich nicht aus, ich erzähle auch Anekdoten" (ebd., S. 5).
- „Ich gucke oft auf die Uhr, weil ich das Ende herbei sehne" (ebd., S. 5).
- „Ich habe beobachtet, dass manche Kolleg*innen lange schreiben, obwohl sie nicht das Protokoll führen. Das empfinde ich als unruhig. Ihr Kopf ist gesenkt und ich denke die Kollegin, der Kollege hört nicht zu" (ebd., S. 5).

Die zuvor dargestellten Beobachtungen und Äußerungen meiner Kolleg*innen, ergänzt durch mein eigenes Empfinden die Dienstbesprechung betreffend verdeutlichen den Bedarf von Veränderungen. Kernthemen, wie z.B. Gesprächs- und Kommunikationsgestaltung, Stress, Erschöpfung, Ausgebrannt sein, Frustration, und z.T. mangelnder Respekt lassen folgenden Rückschluss zu: Die Kommunikation in Dienstbesprechungen sollte modifiziert und verändert werden, um ein positives Arbeitsklima zu schaffen, welches zum einen das Stressempfinden minimieren sollte und die Resilienz des Team steigern, bzw. die Widerstandsfähigkeit gegenüber außerordentlichen Belastungen erhöhen sollte.

Dazu werden im nächsten Kapitel zunächst die theoretische Grundlagen dargestellt, aus denen sich der Dialog als Intervention ableiten lässt, um eine Optimierung der Dienstbesprechung herbeizuführen.

3. Theoretische Grundlagen

Im Folgenden wird das Konzept der Resilienz dargestellt. In einem weiteren Schritt werden resilienzfördernde Aspekte im Arbeitskontext basierend auf aktuellen Forschungsergebnissen dargestellt. Den Schwerpunkt bildet dabei die Teamresilienz, wobei nach Soucek, Ziegler, Schlett und Pauls (2016) die Erschließung von Resilienz im Arbeitskontext bisher nur im Ansatz erfolgt ist (vgl. S. 131). Auch Schulte und Kauffeld (2017) stellen fest, dass „zur Förderung der Teamresilienz bisher nur wenige empirische Befunde [vorliegen], sodass weitere Forschung erforderlich ist" (S. 116, Klammerangaben KW). Anschließend wird die Dialogphilosophie nach Martin Buber und die Methode des Dialogs nach David Bohm beschrieben und die sich daraus ergebenen Kernfähigkeiten einer dialogischen Haltung nach Hartkemeyer, Hartkemeyer und Dhority (2010) vorgestellt und die daraus abgeleiteten Dialogregeln nach Schopp (2010) besprochen. In einem nächsten Schritt wird der Versuch unternommen, Gemeinsamkeiten zusammenzufassen, welche die theoretische Grundlage der Fragestellung darstellen werden.

3.1 Resilienz

Bevor darlegt wird, welche wesentlichen Faktoren sich positiv auf die Teamresilienz auswirken können, wird zunächst der Begriff *Resilienz* definiert.

Ihren eigentlichen Ursprung hat die Resilienz in der Entwicklungspsychologie und „beschäftigt sich mit der positiven Entwicklung von Kindern und Jugendlichen [, die] unter erschwerten Lebensbedingungen [aufwachsen]" (Soucek/Ziegler/Schlett/Pauls, 2016, S. 132, Klammerangabe KW). Mittlerweile wird der Resilienzbegriff inflationär in unterschiedlichsten Zusammenhängen gebraucht, bzw. angewandt (vgl. Weiß/Hartmann/Högl, 2018, S. 13). Allgemein bezeichnet Resilienz die passive Widerstandskraft von Menschen in Notsituationen, die mit enormen Stress einhergehen, oder auch die aktive Anpassung von Menschen an veränderte Situationen, bzw. bedeutsame Veränderungen (vgl. Hurtienne/Koch, 2018, S. 141f). Im Folgenden werden allgemeine Definitionen von Resilienz vorgestellt, an denen sich der vorliegende Artikel orientiert:

> „**Resilienz** umfasst die menschliche Widerstandsfähigkeit gegenüber belastenden Lebensumständen. Der Gegenbegriff zur Resilienz ist die **Vulnerabilität**, die Verwundbarkeit oder Verletzlichkeit. Daher wird Resilienz auch oft als psychische Robustheit, Widerstandskraft oder Unverwundbarkeit bezeichnet" (Henniger, 2016, S. 158).

Henniger bleibt in der Definition noch sehr allgemein, wobei Dudick nachfolgend eine differenziertere Beschreibung anbietet, in der nicht nur der Gesundheitsaspekt anklingt, sondern auch der Zusammenhang zwischen Leistung und Resilienz benannt wird.

> „Resilienz beschreibt all die Fähigkeiten und Faktoren, durch die die Widerstandsfähigkeit gegenüber psychosozialen, psychologischen und biologischen Entwicklungsrisiken erhöht wird, um Leistungsanforderungen standhalten zu können. Neben Persönlichkeitseigenschaften wie Zuversicht, Optimismus, Fähigkeit zum Sinnerleben und eine Haltung der Akzeptanz gehören erlernbare Bewältigungsstrategien wie Zielorientierung und Zielbindung, Kompetenzen im Bereich aktiver Problemlösetechniken Gesundheit und Selbstwirksamkeit dazu" (Dudick, 2017, S. 5).

Unter dem Gesichtspunkt, dass Resilienz mit psychischer Unverwundbarkeit und Widerstandskraft einhergeht, findet die Resilienzforschung im Zusammenhang der psychischen Gesundheit, zunehmend auch im Kontext von Arbeitswelten weitreichende Beachtung. Unter dem Aspekt des Anstiegs von psychischen Belastungen am Arbeitsplatz und daraus entstehenden Erkrankungen (vgl. Hänsel, 2017, S. 63), erscheint Resilienz im Kontext von Arbeit sowohl aus Sicht der Arbeitnehmer*innen als auch aus der der Arbeitgeber*innen im Rahmen von betrieblichem Gesundheitsschutz von besonderem Interesse. Hierbei wird der Resilienzbegriff ganzheitlich angewandt und es wird zwischen unterschiedlichen Bereichen der Resilienz differenziert (vgl. Schulte/Kauffeld, 2017, Rolfe, 2019, S. 22; 116; Hurtienne/Koch, 2018, S. 141).

Im Folgenden werden unterschiedliche Bereiche von Resilienz dargestellt, die im Zusammenhang der durchgeführten Praxisforschung relevant sind, wobei der Fokus auf resilienzstärkenden Aspekten am Arbeitsplatz, mit besonderem Blick auf einer resilienzfördernden Kommunikation innerhalb von Teams gerichtete ist.

3.1.1 Individuelle Resilienz

Deutlich ist, dass es bisher keine einheitliche Definition der individuellen Resilienz gibt (vgl. Rolfe, 2019, S. 23). Einerseits wird Resilienz auf der individuellen Ebene als persönliches Merkmal, Eigenschaft und stabile Fähigkeit betrachtet, wohingegen neuere Quellen Resilienz als dynamischen und bis zu einem bestimmten Grad erlernbaren Prozess verstehen (vgl. Rolfe, 2019, S. 23). Darüber hinaus gibt es weitere Unterscheidungen aus wissenschaftlicher Sicht. Einige Forscher*innen verstehen individuelle Resilienz dahingehend, als dass Menschen nach einem Rückschlag wieder in die Ausgangssituation zurück finden, wohingegen andere Wissenschaftler*innen Resilienz als Möglichkeit begreifen, wodurch Menschen an- oder gerade trotz einer Krise wachsen können. Soucek u.a. erklären, dass ihrer Meinung nach der Fokus nicht darauf gerichtet sein sollte, wie resilient eine Person ist, sondern es sollte betrachtet werden, „was man *unternimmt* um eine Krise zu bewältigen" (Soucek u.a., 2016, S. 133). Neben personalen Ressourcen umfasst der Resilienzbegriff ihrer Meinung nach auch resilientes Verhalten, also an die Situation angepasste und variable Coping-Strategien, um jene belastende Situation zu bewältigen (vgl. ebd., S. 133). Es geht um die individuelle „Fähigkeit zur Aufrechterhaltung oder Wiederherstellung psychischer Gesundheit während oder nach stressvollen Lebensereignissen" (Deutsches Resilienz Zentrum, 2019). Neben den unterschiedlichen Ansätzen und Verständnissen individueller Resilienz, herrscht in der Literatur dennoch Einigkeit, „dass Resilienz immer im Zusammenhang mit einer inneren oder äußeren Widrigkeit, Krise oder Stress zu verstehen ist" (Rolfe, 2019, S. 23).

Im Arbeitskontext beschreiben Soucek u.a. (2016) beispielsweise, dass Resilienz ebenso wie Selbstwirksamkeit, Hoffnung und Optimismus dem individuellen psychologischen Kapital zugeordnet werden kann, wobei der Umgang mit Stressoren bedeutend ist und zu einer höheren Arbeitszufriedenheit führen kann. Eine weitere bedeutende individuelle Ressource der Resilienz ist die Achtsamkeit, „die eine bewusste und unvoreingenommene Wahrnehmung der eigenen Person, sowie Ereignissen der Umwelt beschreibt" (Soucek u.a., 2016, S. 133) und im Berufskontext eine großen Rolle „hinsichtlich des psychischen Befindens am Arbeitsplatz [spielt]" (ebd., S. 133, Klammerangabe KW).

3.1.2 Teamresilienz

Soucek u.a. (2016) beschreiben Teamresilienz, ähnlich wie individuelle Resilienz als Ressource und als dynamischen Prozess, mit dem besonderen Fokus auf die Interaktion zwischen den Teammitgliedern. Neben Bewältigungsprozessen, die dem Team helfen Krisen zu managen, können sich auch Teamressourcen, wie z.B. ein gutes Teamklima und Sicherheit positiv auf die Resilienz von Teams ausüben (vgl. S. 134). Rolfe (2019) beschreibt, dass z. B. die Art und Weise, wie Teammitglieder miteinander sprechen, viel über die Resilienz des Teams aussagt. So geht eine positive Kommunikation und positive zwischenmenschliche Verbindungen innerhalb von Teams mit einer besseren Leistung und höherer Zufriedenheit einher (vgl. S. 213). Bestätigt wird dies nach Rolfe auch aus Sicht der positiven Psychologie, in der ein wertschätzender Umgang der Teammitglieder untereinander von großer Bedeutung ist. Transparenz, Authentizität und ein vertrauensvoller Umgang kann demnach durch das Schaffen eines sicheren Raumes hergestellt werden. Weitere unterstützende Aspekte im Kontext einer positiven und achtsamen Kommunikation sind z.B.: „Offenheit zeigen – d.h. die Gewohnheit aufgeben, Personen, Situationen und Dinge auf der Basis früherer Erfahrungen zu be- oder verurteilen" (Rolfe, 2019, S. 214), in der Kommunikation physisch und mental anwesend, präsent und achtsam sein, „im Sinne von 'wirklich da sein'" (ebd., S. 214). Darüber hinaus ist das bewusste Zuhören ein weiterer Parameter der resilienzfördernden Kommunikation, wobei es darum geht, dass sich keine Antworten im Kopf zurechtgelegt werden, während mein Gegenüber noch spricht (vgl. ebd., S. 14). Nach Schulte und Kauffeld (2017) ist die Kommunikation, verbunden mit dem Erleben von Sicherheit und Achtsamkeit und die damit verbundene Gesprächsatmosphäre ein förderlicher Aspekt zur Stärkung der Teamresilienz (vgl. S. 116f).

Da sich wesentliche Parameter der resilienzfördernden Kommunikation in der Dialogphilosophie von Martin Buber und David Bohm wiederfinden, wird deren Dialogverständnis im Folgenden dargestellt.

3.2 Der Dialog

Dialoge sind nicht vergleichbar mit Diskussionen oder Disputen, die sich dadurch auszeichnen, dass Menschen nicht wirklich miteinander reden, sondern ihre eigenen Ansichten verteidigen und nach Unterschieden anstatt nach Gemeinsamkeiten suchen. Oft geht es dabei um die Ausübung von Macht gegenüber anderen Menschen und darum, die Situation als Gewinner*in zu verlassen (vgl. Hartkemeyer/Hartkemeyer/Dhority, 2010, S. 65). Dialoge können mit unterschiedlichen Zielsetzungen geführt werden. Zum einen kann es ein Ziel des Dialogs sein, so miteinander zu reden, dass ein besseres Verstehen und Verständnis für Gesprächsführung entwickelt wird (vgl. Hartkemeyer/Hartkemeyer/Dhority, 2010, S. 96). Zum Anderen kann der Dialog genutzt werden, um kreative Arten des Denkens entstehen zu lassen um Themen umfassend zu erkunden (vgl. Findeis-Dorn, 2004, S. 14). Darüber hinaus kann der Dialog dazu dienen, die Prozesse unseres Denkens zu erkennen, zu hinterfragen und zu verändern (nach Isaac 1993 in Hartkemeyer/Hartkemeyer/Dhority, 2010, S. 64ff).

3.2.1 Der Dialog nach Martin Buber

Martin Buber war ein österreichisch-israelischer, jüdischer Religionsphilosoph, der sich Zeit seines Lebens mit dem Dialog und den Beziehungsmöglichkeiten des Menschen zur Welt beschäftigte. In Bubers Dialogverständnis geht es hauptsächlich um die Art und Weise, wie wir mit unserem Gegenüber in Kontakt treten. Buber differenziert die Möglichkeiten, in denen der Mensch in Beziehungen tritt und unterteilt diese in ein Zusammenleben mit der Natur, mit anderen Menschen und mit geistigen Weisheiten (vgl. Buber, 2006, S. 12). Buber geht davon aus, dass der Mensch immer in Begegnung ist und er kein Leben ohne Begegnung führen kann, denn „Alles wirkliche Leben ist Begegnung" (ebd., S. 17).

Für die Begegnung benennt er zwei Modelle, zwei Grundworte, zwei Wortpaare. Buber beschreibt die Arten von Beziehungen, die der Mensch bewusst eingehen kann, als eine ICH – DU Beziehung und eine ICH – ES Beziehung. Eine ICH – DU Begegnung findet statt, wenn sich der Mensch, also das ICH, sich seinem Gegenüber ganz öffnet und aufrichtig begegnet (vgl. ebd., S. 9). Die vorurteilsfreie und echte Hinwendung im ICH – DU – Erleben beschreibt Buber wie folgt:

> „Zwischen Ich und Du steht keine Begrifflichkeit, kein Vorwissen und keine Phantasie; (…) Zwischen Ich und Du steht kein Zweck, keine Gier und keine Vorwegnahme; und die Sehnsucht selber verwandelt sich, da sie aus dem Traum in die Erscheinung stürzt. Alles Mittel ist Hindernis. Nur wo alles Mittel zerfallen ist, geschieht Begegnung" (Buber, 2006, S. 17f).

Die Begegnung in der Zwischenmenschlichkeit entwickelt sich nach Buber nur in einem echten Dialog, dadurch, dass das Gegenüber wie ein Subjekt und nicht wie ein Objekt angesehen wird, denn:

> „Den Menschen zu dem ich Du sage, erfahre ich nicht. Aber ich stehe in der Beziehung zu ihm. Im heiligen Grundwort. Erst wenn ich heraustrete erfahre ich ihn wieder. Erfahrung ist Du – Ferne" (Buber, 2006, S. 15).

In einer ICH – ES Beziehung kann nicht das ganze Wesen des ICHs anwesend sein. In diesem Fall verhält sich das ICH zu einem Objekt, einem ES, nicht aber zu einem DU. Vielmehr betrachtet das ICH den Menschen, beurteilt ihn und erfährt ihn aus einer Distanz heraus, indem das ICH den Menschen als ein Etwas ansieht. Dabei kann kein wahrer Dialog entstehen (vgl. ebd., S. 9ff).

> „Das Ich im „(…) Ich-Du nimmt in der Begegnung am Du teil. Das Ich des Grundwertes Ich-Es verhält sich zum Gegenüber, indem es dieses beobachtet und beschreibt. Das Ich entscheidet, ob es dem anderen als einem Gegenüber begegnet oder diesen als Gegenstand betrachtet" (Steinmetz nach Buber 1962, 2016, S. 24).

Buber beschreibt den wahren Dialog dahingehend, als dass sich die Beteiligten wahrhaftig begegnen und nicht einander beurteilen.

> „Wo aber das Gespräch sich in seinem Wesen erfüllt, zwischen Partnern, die sich in Wahrheit einander zugewandt haben, sich rückhaltlos äußern und vom Scheinenwollen frei sind, vollzieht sich eine denkwürdige, nirgendwo sonst sich einstellende gemeinschaftliche Fruchtbarkeit" (Buber 2009, S. 295).

Treten Menschen in einen Dialog wollen sie nicht scheinen, sich nicht selbst darstellen oder persönlich glänzen. Das wahre Gespräch zeichnet sich durch Qualitäten wie „die Akzeptanz der Anderheit" (Buber, 1996, S. 69) aus, indem dem Gegenüber, dem DU, mit Ehrlichkeit und Respekt begegnet wird und das DU vorbehaltlos und in seiner „Anderheit" angenommen wird. Meines Erachtens geschieht ein Dialog in Bubers Sinn durch gegenseitigen Respekt, Aufrichtigkeit, Wahrheit, Vorurteilsfreiheit, Offenheit, Wahrhaftigkeit und Uneigennützigkeit, ebenso wie durch absolute Ehrlichkeit und die unbedingte Akzeptanz meines Gegenübers.

3.2.2 Der Dialog nach David Bohm

David Bohm war ein Quantenphysiker, der im Laufe seiner Karriere eine Auffassung des Dialogs entwickelte, die sich mit der Prozesshaftigkeit des Denkens innerhalb von Dialogen beschäftigt. Bohm (2008) interessieren dabei die Prozesse menschlicher Erfahrungen, wie z.B.:

> „tiefsitzende Wertvorstellungen, Wesen und Intensität der Emotionen, die Muster unserer Denkprozesse, die Funktion des Gedächtnisses, die Bedeutung tradierter kultureller Mythen und die Art und Weise, in der unsere Neurophysiologie die Augenblickserfahrung strukturiert" (Bohm 2008, S. 7f).

Der Kern seines Dialogverständnisses besteht dennoch darin, die Art und Weise des Denkens zu ergründen. Es geht Bohm um Ansichten, bzw. um Prozesse, wie Menschen zu Ansichten und Meinungen gelangen und warum diese oftmals zwanghaft aufrechterhalten werden (vgl. Bohm 2008, S. 8, 36). Die Entstehung von Ansichten, Annahmen und Meinungen beruht seines Erachtens nicht nur auf Erfahrungen sondern sind durch kulturelle Hintergründe und Individualität geprägt und beeinflussen unser Denken. Bohms Ansicht nach, werden Meinungen oftmals als Wahrheiten dargestellt, obwohl sie nur aus Annahmen entstanden sind. Diese werden vehement verteidigt, da wir uns mit ihnen identifizieren (vgl. Bohm, 2008, S. 37). Diese Verbissenheit, wenn wir an Meinungen und Ansichten festhalten und weiterhin der Annahme sind, Recht haben zu müssen, führt nach Bohm zu einer Einschränkung unserer Intelligenz. Seiner Auffassung nach gibt es keinen Grund an einer Meinung festzuhalten, solange die Möglichkeit besteht, dass sie nicht richtig sein könnte. „Eine korrekt strukturierte Annahme oder Meinung ist offen für Hinweise, dass sie nicht richtig sein könnte" (Bohm, 2008, S. 79). Im Grunde möchte Bohm mittels des Dialogs dem Denken und dem Entstehen von Annahmen auf dem Grund gehen „und den kollektiven Ablauf von Denkprozessen im Kollektiv erneuern" (Bohm, 2008, S. 37). Zu Recht stellt er meines Erachtens fest, dass wir Menschen Denken, aber nicht hinterfragen, warum wir etwas denken. Das bedeutet, dass es uns bewusst ist, dass wir denken, interessieren uns allerdings lediglich an dem Inhalt des Gedachtem, nicht aber an dem Denkvorgang, dem Ablauf des Denkens (vgl. ebd., S. 37), obwohl vom Denken alles abhängt. Es lässt Technologien, Wissenschaft, Medizin und Fortschritt wachsen – alles wird durch Denken er- und geschaffen und dennoch bringt das Denken auch Zerstörung z.B. in Form von umweltverschmutzenden Technologien oder der Entwicklung in der Kriegsindustrie (vgl. Bohm, 2008, S. 102f).

Bohms Interesse liegt im Bewusstwerden von Denkprozessen, verbunden mit dem Hinterfragen, wodurch Meinungen und Annahmen entstanden sind. Er möchte ein gesellschaftliches Bewusstsein dafür zu schaffen, kollektive Denkprozesse zu ermöglichen oder auch neue Kulturen zu schaffen (vgl. Bohm, 208 S. 14, S. 70). Um dem Denken und dem Denkvorgang hinter den Annahmen bewusst zu begegnen, um gemeinschaftlich Neues entstehen zu lassen, schlägt Bohm vor, dass sich Menschen in Dialoggruppen zusammenfinden. Ziel dieser Dialoggruppen wäre es, durch Kommunikation und Beteiligung eine gemeinschaftliche

> „Sinnsetzung zu schaffen. Das wäre Partizipation, was sowohl ‚teilhabe, teilen' als auch ‚sich beteiligten an' bedeutet. Es würde bedeuten, dass in dieser Partizipation ein gemeinsamer Geist entsteht, der dennoch das Individuelle nicht ausschließt. Das Individuum kann verschiedener Meinung sein als je-

mand anders, aber diese Ansicht würde dann ebenfalls von der Gruppe aufgenommen" (Bohm, 2008, S. 68).

Deutlich wird, dass Bohm sich von Debatten und Diskussionen distanziert, in denen abschließend nicht eine Meinung neben der anderen stehen kann, sondern den Vertreter*innen eben jener Ansichten das Verteidigen dieser im absoluten Vordergrund steht (vgl. Bohm, 2008, S. 33). Ein wahrer Dialog nach Bohm hingegen beschreibt eine „Harmonie des Individuellen und des Kollektiven (…), in der sich das Ganze auf Kohärenz zubewegt" (ebd., S. 68) und wir die Möglichkeit haben, an einem Ort inmitten all der anderen Meinungen anzukommen und uns über sie hinweg in andere Richtungen bewegen, „Hinein in etwas Neues und Kreatives" (ebd., S. 68).

Aus den Dialogverständnissen beider Wissenschaftler arbeiten Hartkemeyer, Hartkemeyer und Dhority (2010) Kernfähigkeiten einer dialogischen Haltung heraus, die im folgendem Kapitel dargestellt werden (vgl. S. 78).

3.2.3 Die zehn Kernfähigkeiten einer dialogischen Haltung

Unter dialogischen Kernfähigkeiten oder auch Kompetenzen verstehen Hartkemeyer, Hartkemeyer und Dhority (2010) erlernbare Fähigkeiten und innere Haltungen, die den wahren Dialog erst ermöglichen (vgl. S. 78, Schopp, 2010, S. 54, 64).

1. Haltung des Lernenden verkörpern

Kulturell konditioniert treten wir Menschen als Wissende auf. Als lernendes Individuum wird von uns eine Offenheit und eine Bereitschaft erwartet, uns einzugestehen, nichts wirklich zu wissen. Dadurch wird Raum geschaffen, um alte Verhaltens- und Denkmuster zu hinterfragen und Neue zuzulassen (vgl. Hartkemeyer/Hartkemeyer/Dhority, 2010, S. 78).

2. Radikaler Respekt

Andere Personen werden in ihrem Wesen anerkannt und den Menschen wird mit Respekt begegnet. Empathie als ein wesentlicher

Aspekt von Respekt kann es uns ermöglichen, unser Gegenüber nicht nur zu akzeptieren, sondern auch versuchen, die Welt aus der Perspektive des Gegenübers zu betrachten (vgl. ebd., S. 79).

3. Offenheit

Indem ich mich für andere Ansichten und Überzeugungen öffne, entsteht Raum für Neues. Dies ermöglicht es uns, neue Einsichten, neues Verständnis, neue Nähe, neue Ideen, Offenheit für neue Perspektiven, Offenheit dafür, eigene „ lang gehegte Annahmen in Frage zu stellen" (Hartkemeyer/Hartkemeyer/Dhority, 2010, S. 79). Das kann erreicht werden, indem Gesprächspartner*innen so viel Vertrauen entgegengebracht wird, dass niemand in dem Gespräch körperlich, emotional oder psychisch verletzt wird. Während einer Diskussion oder eines Disputes gibt es diese Sicherheit nicht, da wir dort stärker in die Polarisation von Verteidigung und Angriff gehen, unseren Standpunkt behaupten und als Sieger*in oder Überlegene*r die Situation verlassen möchten (vgl. ebd., S. 79).

4. Sprich von Herzen

Das Sprichwort „Sprich von Herzen" geht folgendermaßen weiter: „und fasse Dich kurz" (Hartkemeyer/Hartkemeyer/Dhority, 2010, S. 80). Es galt bei den indigenen Völkern Amerikas als Leitsatz während ihrer Zusammenkünfte. Von Herzen meint ehrliche Gedanken und Gefühle, wobei das nicht heißen soll, dass der Kopf und das Denken keinen Platz im Dialog haben. Das Gegenteil ist der Fall. „Das Denken steht im Mittelpunkt unserer Aufmerksamkeit. Nicht nur die Gedanken sondern der Prozess des Denkens" (ebd., S. 80).

'Von Herzen sprechen' könnte heißen:
- Ich rede von Dingen, die mir wichtig sind und mich wesentlich angehen.
- Ich rede nicht um rhetorisch zu glänzen oder mich wichtig zu machen.
- Ich übernehme Verantwortung, indem ich nicht von „man" sondern aus schließlich von mir rede (vgl. ebd., S. 80).

5. Zuhören und verstehen wollen

Es geht um ein aktives, vorbehaltloses, aufrichtiges, emphatisches Zuhören. Geduld und Respekt wird nicht nur dem Gesagten gegenüber aufgebracht, sondern es geht auch darum, Pausen auszuhalten. Gemeint sind hierbei Gesprächspausen, um dem Gegenüber Zeit zu geben, die eigenen Gedanken zu sortieren und zu formulieren. Dadurch lasse ich Antworten und Gedanken meines Gegenübers an mich heran, denen ich ohne diese Pause manipulativ beeinflussend vorgegriffen hätte. Mitfühlendes Zuhören bedeutet ebenso zwischen den Zeilen und einzelnen Wörtern auf die tiefere Bedeutung meines Gegenübers zu hören (vgl. ebd., S. 80; Schopp 2010, S. 79ff).

6. Verlangsamung

Geschwindigkeit und Effizienz haben in unserer Gesellschaft eine herausragende Bedeutung. Der Dialog kann im Gegensatz dazu unsere Kommunikation verlangsamen. Es reden nicht alle gleichzeitig, sondern jede*r nach dem/der Anderen. Jede*r kann sich so lange Zeit lassen, wie er oder sie sie braucht. Anstatt davon auszugehen, dass schneller besser ist, „verlangsamt der Dialog die Handlung, um das Verständnis und die Wirksamkeit zu erhöhen" (Hartkemeyer/Hartkemeyer/Dhority, 2010, S. 80).

7. Bewertungen und Annahmen „suspendieren"

Annahmen über die Welt sind nützlich, notwendig und machen es uns möglich zu Handeln und unsere Handlungen mit anderen abzustimmen. Die meisten unserer Verhaltensmuster wurden frühkindlich geprägt. Das heißt, dass die gegenwärtige Welt durch alte oder gar veraltete Daten/Verhaltensmuster interpretiert und bewertet wird. Problematisch wird es erst, wenn wir vergessen, „dass unsere Annahmen subjektive Interpretationsfolien von Situationen, Ereignissen und dem Universum als Ganzes sind" (ebd., S. 84). Unsere unterschiedlichen und individuellen Interpretationen, Annahmen und Glaubenssätze sind oft Zündstoff für Missverständnisse und Grundlage von Konflikten. Aus diesen Gründen sollte im Dialog versucht werden, sich der eigenen Annahmen bewusst zu werden. „Das ist es, was ich denke, aber ich könnte mich irren. Ich bin bereit meine Gedanken weiter zu hinterfragen und zu überprüfen, ob sie entweder bestätigt werden oder nicht" (Hartkemeyer/Hartkemeyer/Dhority, 2010, S. 85).

Die „Brille", die wie selbstverständlich unsere Wahrnehmungen im Alltag prägt und begrenzt, fällt uns kaum auf, da diese Art der Wahrnehmung während unseres Lebens und unserer Sozialisation in 'Fleisch und Blut' übergegangen ist. Schnelles Abschätzen, schnelle Bewertungen und schnelles Einordnen verschafft uns vermeintliche Sicherheit. Unzählige Bewertungsschritte durchlaufen wir am Tag und unbewusst oder bewusst treffen wir Entscheidungen (vgl. ebd., S. 85).

Aus einem unendlichen Datenstrom

> „wählen [wir] aus, konstruieren eine für uns bedeutsame Interpretation von „Wirklichkeit" und merken kaum, dass sie unsere eigene einmalige Konstruktion ist. Unsere Entscheidungen, Handlungen werden bestimmt von den Weltbildern und persönlichen Bewertungen, die hinter den scheinbar objektiven Fakten stehen" (Hartkemeyer/Hartkemeyer/Dhority, 2010, S. 85, Klammerangabe K.W.).

Wir setzen uns immer in Beziehung zu unserer Umwelt und bewerten ständig – ist das besser oder schlechter als … ist das teurer oder billiger als… was ist gefährlicher als… sieht sie/er besser aus als… belastet mich das mehr oder weniger als…wie werde ich wahrgenommen?

Ein bedeutendes Ziel des Dialogs ist es, Platz für neue Ansichten entstehen zu lassen, indem automatisierte Kettenreaktionen basierend auf unbewussten Denkmustern mit Achtsamkeit und Entschleunigung hinterfragt werden, um sie zu durchbrechen (vgl. ebd., S. 85).

8. Produktives Plädieren

Es soll ein gegenseitiges Lernen und Verstehen ermöglicht werden, „indem ich mich nicht identisch mit meinen Sichtweisen mache" (vgl. Buhl-Böhnert 2008, S. 87). Gegenseitiges partizipieren an den jeweiligen Denkprozessen, das gemeinsame Aufdecken und Füllen von Lücken wirkt nachhaltig, da diese gemeinschaftlich entstanden sind (vgl. Schopp, 2016, 92ff). Nach Hartkemeyer, Hartkemeyer und Dhority (2010) wird in unterschiedlichen Stufen des Plädierens unterschieden:

- „Lege deine Annahmen und Vorurteile offen. Sei dir klar darüber, dass Bewertungen, Schlüsse und Hinzufügungen aus deiner Sichtweise stammen.
- Wenn du Zweifel an deinen Beobachtungen oder Schlüssen hast, teile sie den anderen mit.
- Wenn du einen Sachverhalt darstellst, ist es hilfreich, wenn du konkrete Beobachtungen vornimmst, zeige deutlich, woher sie stammen. Beteilige die anderen an deinem Denkprozess, anstatt sie ausschließlich mit deinen „Denkprodukten" zu konfrontieren.
- Ermutige die anderen, deine Sichtweise kennenzulernen und zu überprüfen: „Hast du etwas anderes gesehen? Siehst du Lücken in meiner Begründung? Bewertest du den Sachverhalt anders?"
- Denke daran, dass sowohl du selbst als auch andere völlig falsch liegen können" (Hartkemeyer/Hartkemeyer/Dhority, 2010, S. 91f).

9. Eine erkundende Haltung üben

In unserer Gesellschaft wird sehr viel Wert auf Wissen gelegt und das Stellen von Fragen könnte mit Dummheit oder schlechten Manieren gleichgesetzt werden. Dabei kann die Bereitschaft einfache und aufrichtige Fragen zu stellen, neue Lernmöglichkeiten eröffnen. Diese Haltung ist geprägt von Achtsamkeit, Neugierde und Bescheidenheit und steht im Kontrast zu rhetorischen Fragen, da diese eher Feindseligkeiten verbergen.

> „Wenn ich im Dialog in der Lage bin, meine Rolle als Wissender aufzugeben, für das Interesse an dem, was anders ist, als ich es bereits kenne, kann ich ‚unschuldige' Fragen stellen, aus dem Bedürfnis etwas wirklich zu verstehen" (vgl. Hartkemeyer/Hartkemeyer/Dhority, 2010, S. 92).

10. Den Beobachter beobachten

Im Dialog sollen Denkprozesse verlangsamt werden, um sie beobachten zu können. „Diesen inneren Beobachter zu entwickeln ist eine unserer zentralen Aufgaben im Dialog" (vgl. Hartkemeyer/Hartkemeyer/Dhority, 2010, S. 94). Unsere Interaktionen und Handlungen werden unterschwellig von unseren Haltungen und Überzeugungen bestimmt. Denen soll auf den Grund gegangen werden, um uns unabhängig von eingefleischten Programmen zu machen, so dass wir neuen Aspekten gegenüber offen sein können. Ziel ist es, eine besonders kritische und selbstreflexive Haltung einzunehmen, um sich von vorgefertigten Gedanken und Handlungsabfolgen frei zu machen (vgl. ebd., S. 94).

3.2.4 Leiter der Schlussfolgerungen

Im vorherigen Abschnitt wurde dargestellt, wie wichtig das Erkennen und Benennen der eigenen Denkmuster und kultureller Brillen für das Gelingen eines Dialogs sind. Anhand des Modells, „Die Leiter der Schlussfolgerungen" soll aufgezeigt werden, wie unser Denken das Entstehen von Vorurteilen und Bewertung konstruiert und wie diese unser Handeln bestimmen. Das Modell wird mit Hilfe der folgenden Fotografie des britischen Fotografen Don McCullin, nach Hartkemeyer, Hartkemeyer und Dhority exemplarisch angewandt (vgl. 2010, S. 86). Anhand dieses Beispiels soll im Sinne Bohms, „dem Denkvorgang auf den Grund [gegangen werden]. (…) [Denn] unser Denken ist ebenfalls ein Prozess, und der erfordert unsere Aufmerksamkeit, wenn nicht alles schief gehen soll" (Bohm, 2002, S. 37, Klammerangaben KW).

Abb.: 3: Don McCullin, Zeitungsanzeige von *The Metropolitan Police Selection Center*, London 1989 zit. nach Sow, 2009, S. 40.

1. Stufe: Beobachtung von Fakten und die Auswahl von Daten
Wir sammeln beobachtbare Daten. Diese sind dahingehend als „real", zu betrachten, da sie im Modus der reinen Beobachtung von jeder/jedem wahrgenommen werden können und als unbestreitbare Fakten gelten.

2. Stufe: Interpretation der Beobachtungen
Auf dieser Ebene entwickeln wir auf Grund unserer beobachteten Fakten eine Annahme/Hypothese, was sich ereignet haben könnte.

- Offenbar ist der Weiße ein Polizist, trägt eine Uniform.
- Der Schwarze trägt keine Uniform.
- Auf Grund dessen könnte leicht geschlossen werden, dass der Polizist den anderen Mann verfolgt, bzw. beide Männer auf unterschiedlichen Seiten des Gesetzes stehen.

3. Stufe: Bedeutung hinzufügen
In dieser Phase fügen wir dem Bild etwas aus unseren Erfahrungen hinzu und entwickeln auf Grund der Schlussfolgerungen aus Stufe zwei eine Interpretation dessen, was wir auf dem Foto sehen. Es entstehen Meinungen basierend auf Annahmen aus Stufe zwei. Diese sind geprägt durch persönliche Erfahrungen, soziale Fakto-

ren, politische Einstellungen und weiteren, überaus subjektiven persönlichen Hintergründen. Verschiedene Menschen könnten zu unterschiedlichsten Bewertungen kommen, wie z.B.:

- Dies ist ein Beispiel für Polizeibrutalität.
- Der Schwarze ist ein Verbrecher.
- „Typisch", dass der Schwarze von einem Weißen verfolgt wird.
- Polizeigewalt gegen Schwarze.

4. Stufe: Schlussfolgerungen
Es werden Schlüsse aus unseren Bewertungen gezogen und wir überlegen, wie die daraus entstandenen Probleme angegangen werden könnten (Dieses Problem ist in unserem Kopf entstanden und ist durch subjektive Prägung entstanden). Verschiedene Menschen könnten zu unterschiedlichen Schlussfolgerungen kommen, wie z.B.:

- Die Polizei ist rassistisch.
- Die Menschen sind auf der Straße nicht mehr sicher.
- Die Polizeipräsenz sollte erhöht werden.
- Weniger Brutalität durch die Polizei.
- Härtere Strafen für Verbrecher.

5. Stufe: Handeln
Wir haben ein Bild in unserem Kopf entwickelt, das wir für eine logische Abbildung der Realität halten und handeln – beeinflusst durch unsere Schlussfolgerungen. Mögliche Handlungen könnten sein:

- Verfassen eines Leserbriefs um mehr Polizist*innen auf der Straße zu fordern.
- Organisation einer Demonstration gegen Polizeigewalt.
- Wir bitten unsere Schwarzen Freund*innen, sich von Weißen fernzuhalten.
- Wir ziehen von der Stadt aufs Land, weil die Kriminalität dort geringer ist.

- Verfassen einer Petition in der härtere Strafen für Verbrecher*innen gefordert werden (vgl. Hartkemeyer/Hartkemeyer/Dhority, 2010, S. 86f).

Dies alles hat seinen Ursprung in einem Bild, aber „was wissen wir wirklich" (Hartkemeyer/Hartkemeyer/Dhority, 2010, S. 87) über die abgebildete Szene? Ein weißer Mann gekleidet in etwas, was wie eine Uniform wirkt, rennt mit wenigen Schritten Abstand einem Schwarzen in Alltagskleidung hinterher. Tatsächlich handelt es sich um zwei Beamte von Scotland Yard die eine dritte Person verfolgen, welche sich außerhalb des Bildausschnitts befindet und zuvor eine Straftat begangen hat. Dieses Bild wurde von Scotland Yard für eine Anzeigenkampagne genutzt um Schwarze Polizeibewerber*innen zu gewinnen, da sie damit gerechnet haben, dass das Bild nicht richtig interpretiert werden würde. Sie warben mit dem Slogan: „Ein weiteres Vorurteil der Polizei? Oder ein Beispiel für Ihre Vorurteile?" (ebd., S. 90).

Diese Darstellung zeigt, wie wir Daten auswählen. Was wir hinzufügen oder auch weglassen, ist bedeutsam dafür, wie wir ein Ereignis bewerten, welche Schlussfolgerungen wir daraus ziehen und dementsprechend handeln. Der gesamte Ablauf von der ersten bis zur letzten Leitersprosse ist enorm schnell. Manchmal reicht ein flüchtiger Blick auf ein Foto oder auf einen Menschen, der gerade zur Tür herein kommt aus, um uns auf der obersten Sprosse wiederzufinden. Für Andere wird nur die erste und letzte Stufe der Leiter der Schlussfolgerungen offensichtlich. Die Datenerhebung zu Beginn und „der Sprung" ins Handeln von der obersten auf die letzte Stufe. Die Schritte dazwischen, der Bewertungsentwicklungsprozess basierend auf persönlichen Annahmen, ist für andere nicht sichtbar (vgl. Hartkemeyer/Hartkemeyer/Dhority, 2010, S. 90).

3.2.5 Dialogregeln

Aus den zuvor dargestellten Verständnissen, Entstehungsprozessen und den Kernfähigkeiten einer dialogischen Haltung ergeben sich folgende Dialogregeln für Dialoggruppen.

- „Jede und Jeder genießt den gleichen Respekt.
- Ich vertraue mich neuen Sichtweisen an.
- Ich mache mir bewusst, dass meine „Wirklichkeit" nur ein Teil der ganzen „Wahrheit" ist.
- Ich genieße das Zuhören.
- Ich brauche niemanden von meiner Sichtweise überzeugen.
- Wir verzichten auf eine einvernehmliche Lösung.
- Wenn ich von mir rede, benutze ich das Wort „ich" und spreche nicht von „man".
- Bevor ich rede, nehme ich mir einen Atemzug Pause.
- Ich fasse mich kurz.
- Ich nehme Unterschiedlichkeiten als Reichtum wahr" (Schopp, 2010, S. 71).

Aus den vorangegangen Darstellungen des Dialogs geht hervor, dass sich der bewusst gestaltete Dialog durch verschiedene Qualitäten auszeichnet. Im Zusammenhang mit der resilienzfördernden Kommunikation lassen sich gemeinsame Parameter ausmachen, welche die Grundlage meiner Forschung bilden. Im weiteren Verlauf des Artikels kommen die zuvor dargestellten theoretischen Grundlagen zur Anwendung.

4. Der Weg ins Feld

Mit dem Beginn dieses Kapitels beginnt auch die Dokumentation des praktischen Teils der Praxisentwicklungsforschung. Zum einen wird die Planung und Durchführung der zu gestaltenden Praxis beschrieben, parallel dazu findet die Prozessreflexion statt, welche einen wesentlichen Aspekt der Praxisforschung ausmacht.

Im Zusammenspiel meiner beruflichen Praxis und theoretischen als auch empirischen Grundlagen und das Wissen, bzw. die Anwendungskompetenz erlernter Methoden hat sich die Gestaltung meiner Forschung an dem Bedarf innerhalb der Praxis orientiert und entwickelt. Wie zuvor dargestellt, gehe ich der Frage nach, ob sich der Dialog nach David Bohm und Martin Buber positiv auf die Kommunikation ausüben und dadurch die Teamresilienz gesteigert werden kann. Um dieser Frage nachgehen zu können, musste ich meinem Team das Forschungsprojekt vorstellen, in der Zuversicht, dass sie daran teilnehmen, mitwirken und dieses aktiv mitgestalten möchten. Da die Teilnahme an Forschungsprojekten aus forschungsethischer Sicht stets mit absoluter Freiwilligkeit einhergehen muss (vgl. Hopf, 2016, S. 197) und der zuvor dargestellte echte Dialog niemals unter Zwang wahrhaftig entstehen kann (vgl. Isaac, 2002, S. 239), war mir klar, dass mit der Gewinnung meines Teams ein erster Meilenstein für mein Projekt erreicht werden würde. Bevor ich den Schritt beschreibe, möchte ich darstellen, mit welchen inneren Prozessen die Vorstellung des Projekts einherging.

Zu diesem Zeitpunkt wurde mir bewusst, dass ich, noch bevor feststand, ob das Projekt innerhalb des Teams durchgeführt werden würde oder nicht, mit der Prozessreflexion, wie sie Fuhr und Dauber (2002) für die gesamte Praxisentwicklungsforschung als ein wichtiges Element betrachten (vgl. S. 18), begonnen hatte. Anhand von verschriftlichten Sprachmemos[44] decke ich eben jene Prozesse

---

[44] Die Sprachmemos und gesammelten Notizen sind in meinem Forschungstagebuch niedergeschrieben. Dabei handelt es sich um von mir gemachte Beobachtungen, Gedanken, Überlegungen und Gefühle, die im Zusammenhang mit

im Folgenden auf und beginne mit meiner neuen Position als Forscherin.

4.1 Meine Rolle als Forscherin

Mit Beginn meines Forschungsvorhabens machte ich mir meine zukünftigen Rollen bewusst, die sich deutlich voneinander unterschieden. Ich war zum einen Studentin der FH Bielefeld und Wissenschaftlerin in meinem Praxisentwicklungsforschungsprojekt. Zum anderen war ich Erzieherin und Kollegin und während der Dienstbesprechung nicht nur Kollegin, sondern auch Praxisforscherin. Ich habe im Vorhinein darüber nachgedacht, wie sich diese Rollenpluralität anfühlen würde und habe mir Gedanken über mögliche Reaktionen meiner Kolleg*innen gemacht, die mich ausschließlich aus dem Berufsalltag kennen. Die Gefühle dazu waren unterschiedlich. Ein zentrales Gefühl war Sorge, da ich befürchtete, dass meine Kolleg*innen dem Projekt möglicherweise „nur" meinetwillen zustimmen könnten. Ein weiteres Gefühl war Unsicherheit. Diese Unsicherheit bezog sich nicht auf mein Projekt an sich, sondern eher auf meine neue, Rolle innerhalb des Teams. Darüber hinaus beschäftigte mich damit, ob ich das Dialogverständnis nach Bohm und Buber anschaulich transportieren und auch beispielhaft vorleben kann. Dazu stellte ich mir folgende Fragen:

- Würde ich es schaffen, Wissen zu vermitteln?
- Würde ich in Rollenkonflikte geraten?
- Werde ich meine Kolleg*innen ganzheitlich wahrnehmen und ihre Bedürfnisse erkennen können ohne Gefahr zu laufen, ihnen etwas „überzustülpen"?
- Ich möchte meinen Kolleg*innen nicht das Gefühl geben, dass sie Objekte meiner Forschung sind. Dem möchte ich durch eine dialogische Haltung und einem Kontakt auf Augenhöhe begegnen – reichen meine Dialogkompetenzen dafür aus?

---

meinem Forschungsprojekt entstanden sind. Das Forschungstagebuch befindet sich in meinem privaten Besitz und ist einzusehen.

Diese Gedanken waren Gründe dafür, dass ich die Vorstellung meines Forschungsvorhabens im Rahmen der Dienstbesprechung verschoben habe. Ich musste zuerst eine innere Sicherheit bzgl. meiner Rollen erlangen, die ich, gemessen an den Bedarfen aller Beteiligten, gut erfüllen wollte. Dies habe ich durch einen kollegialen Austausch erreichen können, indem ich mein Projektvorhaben mit befreundeten Kolleginnen reflektiert und strukturiert habe, die nicht in der Einrichtung arbeiten.

Ein weiterer Grund für das Aufschieben war ein akuter Vorfall in der Gruppe. Dieser hat uns als Team im besonders hohen Maße pädagogisch, fachlich, emotional, zeitlich und in einem gewissen Maße auch persönlich herausgefordert. Zu diesem Zeitpunkt blieb in den Dienstbesprechungen noch weniger Zeit als zuvor dargestellt. Dies hatte zur Folge, dass das Team außerordentlich gestresst war. Dazu habe ich folgende Notiz gemacht:

> „Stressige Gruppensituation, wir sind alle überarbeitet. Sehr lange Dienstbesprechungen. Die Situation mit X bündelt Zeit und Kraft. Meine Projektvorstellung muss nochmal verschoben werden" [X ist Bewohnende der Gruppe. Der Name wird nicht genannt, um die Anonymität zu wahren] (Forschungstagebuch Wilke, 2019, S. 4).

Auch wenn der Zeitpunkt nicht optimal erschien, betrachtete ich das Projekt weiterhin als lohnenswert, da ich in dem Dialog eine vielversprechende Chance für uns als Team gesehen habe. Zudem wusste ich aus meiner langjährigen Tätigkeit in der Einrichtung, dass es womöglich kaum einen perfekten Moment geben würde um das Projekt zu starten.

4.2 Vorstellung des Projekts im Team

Mit 14-tägiger Verzögerung stellte ich mein Forschungsvorhaben in der Dienstbesprechung vor. Auf Grund von aktuellen Themen, die nach Dringlichkeit abgearbeitet wurden, war die Projektvorstellung das letzte Thema auf unserer Tagesordnung. Ich beschrieb mein Forschungsvorhaben und erklärte, dass ich eine für das Team neue Kommunikationsmethode, die des Dialogs, zusammen mit ihnen aktiv anwenden und in acht Dienstbesprechungen erproben möchte um dadurch bestehende Gesprächsstrukturen zu verbessern. Selbstverständlich wies ich in diesem Zusammenhang darauf hin, dass der Projektverlauf, meine Beobachtungen und die Ergebnisse, aber auch die Erkenntnisse, Einschätzungen und Wahrnehmungen meiner Kolleg*innen anonymisiert in meiner Masterarbeit zusammenfassen würde. Darüber hinaus machte ich deutlich, dass die Teilnahme an dem Projekt mit absoluter Freiwilligkeit verbunden ist. Meine Kolleg*innen nahm ich in diesem Moment interessiert und offen wahr, dennoch spürte ich eine latente Form von Ablehnung.

An folgenden Beispielen möchte ich die Entstehung meines Gefühls verdeutlichen:

- „Jau, machen wir. Find ich nur gut. [kurze Pause] So. Haben wir noch mehr oder sind wir hier fertig?" (Forschungstagebuch Wilke, 2019, S. 6).

Dieser Satz wurde von meiner Kollegin mit einem leichten Lächeln und einem Augenzwinkern in meine Richtung gesagt, aus dem ich geschlossen habe, dass eine grundsätzliche Bereitschaft und Interesse vorhanden war. Durch ihre Gestik und Mimik gab sie mir ein gutes Gefühl, obwohl sie offensichtlich das Ende der Besprechung herbeisehnte. Ich zwinkerte meiner Kollegin ebenfalls zu, um ihr zu signalisieren, dass ich annahm, sie verstanden zu haben. Ich nahm sowohl ihre Bereitschaft als auch das nett verpackte Signal, dass sie gerne Feierabend machen möchte, wahr. Ein weiterer Satz löste Ähnliches in mir aus.

- „Aber doch nicht mehr heute, ok? [kurze Pause] Nee, kleiner Scherz, aber heute schaffen wir echt nicht mehr viel. Aber find´ ich gut" (ebd., S. 6).

Ich meinte in der Aussage meiner Kolleg*in zunächst Entsetzen gespürt zu haben, gefolgt von einem kurzen Schock. Dieses Gefühl entstand meines Erachtens ebenfalls durch die Sorge, dass unverzüglich zusätzliche Arbeit entstehen würde und sich der Feierabend nach hinten verschieben würde. Da sich diese Kommentare unmittelbar an meine Projektvorstellung anschlossen, nahm ich an, dass diese eher unbedacht, fast schon erschrocken geäußert wurden. Die Umschreibung, dass es sich dabei um einen Scherz handeln solle, empfand ich als Versuch, das offensichtliche Entsetzen zu relativieren, vielleicht auch um die vermutete Härte abzuschwächen, die mir und meinem Vorhaben gegenüber gewollt oder auch ungewollt entgegengebracht wurde. Der angefügte Zusatz, dass mein Projektvorhaben trotz alledem als gut empfunden wurde, wirkte versöhnlich und ehrlich auf mich. Die Reaktionen meiner Kolleg*innen machten mir deutlich, dass ich zu diesem Zeitpunkt nicht tiefer in die Theorie und Umsetzung meines Vorhabens eintauchen sollte. Dennoch war es mir wichtig, meinen Kolleg*innen eine grobe Vorstellung von dem Projekt zu geben, bevor sie sich entscheiden. An dieser Stelle habe ich meine vorbereitete Ausarbeitung über mein Praxisforschungsprojekt nicht genutzt, sondern stellte alles sehr verkürzt und allgemein dar. Situativ entschied ich mich, die Ausarbeitung an anderer Stelle vorzubringen. Meine Erläuterungen beschränkten sich auf die grobe Darstellung des Dialogs als Interventionsform. Den Dialog beschrieb ich als mögliche Bereicherung für uns als Team, da dadurch die Effektivität der Dienstbesprechung gesteigert und das Stresserleben während und nach der Dienstbesprechung verringert werden könnte. Dieser Effekt würde sich wiederum positiv auf die Teamresilienz auswirken. Insgesamt könnten die Qualitäten des Dialogs und deren Umsetzung mit einer erhöhten Arbeitszufriedenheit einhergehen. Nachdem ich meinen Kolleg*innen zusicherte, dass das Projekt nicht sofort, sondern zu einem späteren Zeitpunkt beginnen würde, nahm ich ihre Reaktion deutlich zugewandter wahr:

- „Ja, warum nicht!?" (Forschungstagebuch Wilke, 2019, S. 6).

- „Hört sich ja erstmal spannend an, gucken wir mal, was ihr [die Studierenden] da so [augenzwinkernd] lernt" (ebd., S. 6).

- „Schlimmer kann´s ja nicht mehr werden [lachend]" (ebd., S. 6).

- „Aber bitte noch in der Zeit, in der ich noch da bin [Anmerkung der Praktikantin im Anerkennungsjahr, die zu dem Zeitpunkt noch davon ausging, dass sie mit Beendigung des Praktikums die Einrichtung verlassen würde]" (ebd., S. 6).
- „Ja, da bin ich mal gespannt, wie wir das so hinbekommen. Richtig gut, dass du das machst" (ebd., S. 6).

Nachdem mein Team dem Projekt zugestimmt hatte, stimmte ich mich mit unserer Gruppenleitung bezüglich der Zeit- und Durchführungsabläufe ab. Da in naher Zukunft ein Klausurtag für das Wohngruppenteam terminiert war, habe ich dort einen Zeitkorridor für die ausführlichere Vorstellung meines Projekts zur Verfügung gestellt bekommen, um konkrete Inhalte und theoretische Grundlagen vorzustellen. Diese würden wir gemeinsam betrachten, besprechen und es sollte genügend Raum sein, um mögliche Fragen zu klären, um dann in einem darauffolgendem Schritt, den Dialog in den Dienstbesprechungen anzuwenden. Meine Erfahrung und das Empfinden innerer Prozesse, die ich als Praxisforscherin vor, während und direkt nach der Vorstellung des Projekts gemacht habe, möchte ich im Folgendem mit Hilfe eines Auszugs aus meinem Forschungstagebuch darstellen.

- „Ich reduzierte meine vorbereitete Projektvorstellung, da ich aus dem Verhalten meiner Kolleg*innen geschlossen habe, dass alle lieber schnell Feierabend machen möchten. Ich hätte es besser zu Beginn der Dienstbesprechung vorstellen sollen. Allerdings waren die Themen, mit denen wir begonnen haben aus beruflicher Perspektive durchaus wichtiger als die Vorstellung meiner Praxisforschung. Schon im ersten Teil meines Projekts bin ich mit den Gefühlen, die mit meiner Doppelrolle einhergehen, zunächst unangenehm berührt. Ich habe versucht einen guten Mittelweg zu gehen. Ich habe mich allerdings im Anschluss gefragt, ob meine Kolleg*innen bei einer fremden Person genauso reagiert hätten. Bei jemandem von außerhalb, der oder die zu einer vorab vereinbarten Uhrzeit in die Dienstbesprechung kommt und das Projekt vorstellt. Vermutlich nicht. Wahrscheinlich hätte eine Person von außerhalb auch nicht das von ihr vorbereitete Programm drastisch gekürzt, da sie nicht in die bestehenden Vorgänge des Teams involviert wäre. Für mich war es ein wichtiger Prozess, einerseits den richtigen Moment zu erwischen, um das Projekt vorzustellen und dabei die Bedürfnisse meiner Kolleg*innen wahrzunehmen und zu berücksichtigen und andererseits mir selbst in meiner Rolle als Praxisforscherin ausreichend Vertrauen entgegenzubringen, als dass ich meine Kolleg*innen für mein Projekt begeistern kann. Es schwang stetig das Gefühl mit, dass mein Team „nur" mitmachen könnte, um mir einen Gefallen zu tun. Im Zuge dessen erklärte ich meinem Team, dass es kein richtiges oder falsches Ergebnis mit oder nach der Durchführung der Dialogrunden geben wird. Dass sie nicht in der Verantwortung stünden, dass ich eine gute oder schlechte Abschlussarbeit vorlegen werde. Ich wollte nicht, dass sich meine Kolleg*innen mir persönlich gegenüber verantwortlich fühlten. Ich bin weiterhin von meinem Projekt überzeugt, von der Methode des Dialogs und ich blicke gespannt auf das, was als Nächstes passieren wird. Ich bin mir einer weiteren Herausforderung, die der Doppelrolle deutlich bewusster geworden. Dadurch, dass ich sie nun intensiv spüren konnte, war die Doppelrolle kein theoretisches Konstrukt, keine Annahme mehr, sondern wurde Realität, mit der ich lernen muss umzugehen" (Forschungstagebuch Wilke, 2019, S. 13f).

Im nächsten Teil wird die Planung und Gestaltung des Klausurtages dargestellt.

4.3 Praxisgestaltung Teil 1/Theoretische Grundlagen vermitteln

In der ersten Einheit am Klausurtag lernten allen Kolleg*innen zunächst in Ansätzen die Idee des Dialogs nach David Bohm und Martin Buber kennen. Einhergehend mit diesem Dialogverständnis wurde der Unterschied zwischen Dialog und Diskussion/Debatte verdeutlicht und in einem weiteren Schritt die zehn Kernfähigkeiten einer dialogischen Haltung, nach Hartkemeyer, Hartkemeyer und Dhority (vgl. 2010, S. 78) betrachtet. Daran anknüpfend wurde durch „Die Leiter der Schlussfolgerungen" nach Chris Argyris (vgl. Plate, 2015, S. 175) veranschaulicht, wie „unser Denken zu Abstraktionssprüngen und Vorurteilen kommt" (Hartkemeyer/Hartkemeyer/Dhority, 2010, S. 86). Diese theoretischen Grundlagen bildeten die Basis für die Dialogregeln nach Schopp (vgl. 2010, S. 71), welche für kommende Dialogrunden während der Dienstbesprechung als Gerüst zu verstehen sind und ebenfalls im Rahmen des Klausurtages vorgestellt und besprochen wurden. Im Folgenden wird der Ablauf des Klausurtages vorgestellt und durch Eindrücke und Gedankengängen des Gesamtteams in Form von Zitaten aus meinem Forschungstagebuch ergänzt.

4.3.1 Der Einstieg ins Thema

Bevor die Inhalte des Klausurtages dargestellt werden, ist an diesem Punkt des Praxisprojekts für mich erneut spürbar, dass die Grenzen meiner Rollen, zum einen als Kollegin und zum anderen Forscherin nicht immer ganz trennscharf zu betrachten, bzw. zu erkennen sind. Ich bemerkte, dass diese zeitweise ineinander übergreifen, allerdings nahm ich dies zunehmend als eine Chance und nicht als Einschränkung oder Belastung wahr, da ich ein aktiver und beobachtender Teil des Geschehens war und weiterhin sein werde. Ich konnte direkt auf meine Kolleg*innen eingehen, wir konnten gemeinsam interagieren und ich beobachtete die Szenerie nicht mit Abstand von außen, sondern war ein aktiver Teil des Ganzen. Der Klausurtag war u.a. mit sehr emotionalen Themen und Entscheidungsfindungen besetzt. Im Anbetracht dessen nahm ich meine unterschiedlichen Sichtweisen und Rollen als Bereicherung wahr, denn ich fühlte in mir eine Ruhe, die ich auf den Dialog zurückführte.

- „Ich konnte mit Beginn des ersten Praxisteils durch mein Wissen um den Dialog und dem Bewusstsein, wie Denkprozesse und Annahmen entstehen, besonnener und bedachter in die Gespräche gehen. Ich musste meine Ansichten nicht bis auf letzte verteidigen. Ich nahm mich nicht wichtiger als Andere und versuchte andere Sichtweisen zuzulassen und das tat ich zum einen als Kolleg*in, aber auch als Forscherin. Darüber hinaus konnte ich in diesen Gesprächen z.T. Beispiele aufgreifen, die ich im weiteren Verlauf des Projekts exemplarisch anwenden konnte" (Forschungstagebuch Wilke, 2019, S. 19).

Zunächst beschreibe ich die allgemeine Gemütsverfassung, mit der wir als Team auf den anstehenden Klausurtag blickten. Die in der Kontextanalyse dargestellte angespannte Situation in welcher sich das Wohngruppenteam befindet, spitzte sich bis zum Klausurtag zu. Der wachsende und konkreter werdenden Wunsch des Trägers, die bestehende Wohngruppe aufzulösen, um sie konzeptionell umzugestalten ließ im Team ein großes Gefühl der Unsicherheit entstehen. Durch diese geplante Umstrukturierung würde niemand seinen Arbeitsplatz verlieren, dennoch war uns Kolleg*innen bewusst, dass diese Entscheidung mit dem Verlust unserer bisherigen Tätigkeit einhergehen würde. Durch die konzeptionellen Unterscheidungen zur bisherigen Regelwohngruppe ergäbe sich eine andere Arbeitsweise, die zusätzlich mit dem Verlust des Lebensorts der Kindern und Jugendlichen der Wohngruppe einhergehen würde. Dieser konzeptionelle Schwerpunkt wurde kurzerhand zum thematischen Hauptaugenmerk des Klausurtages. Die Stimmung innerhalb des Teams möchte ich durch nachfolgende Zitate verdeutlichen:

- „Dann müssen die [der Träger, Arbeitgeber] aber auch damit rechnen, dass sich einige was anderes suchen, ich meine viele haben sich ja bewusst für Wohngruppenarbeit entschieden" (Forschungstagebuch Wilke, 2019, S. 18).
- „Das wäre wirklich schlimm für die Kinder, guckt mal wie lang einige hier leben und das ist irgendwie doch auch deren Zuhause" (ebd., S. 18).

Anhand dieser Beispiele möchte ich darstellen, unter welchen Gegebenheiten das Projekt startete. Die Stimmung, wie ich sie wahrgenommen habe, schwang schon während der Vorbereitung und anschließenden Vermittlung der theoretischen Grundlagen stetig mit. Veranschaulichen möchte ich das mit folgender Aussage, die noch vor dem Klausurtag gefallen ist.

- „Ach ja, du bist ja auch noch dran, [mit der Vorstellung des Praxisprojektes] wie lange brauchst du denn dafür, ich habe jetzt schon Kopfschmerzen, wenn ich nur an die Konzeption und den ganzen Rattenschwanz denke, der da mit dran hängt. Hoffentlich kann ich mich dann überhaupt noch auf deine Sachen konzentrieren" (Forschungstagebuch Wilke, 2019, S. 15).

Ich glaubte einen Hauch Verzweiflung in der Äußerung meiner Kolleg*in zu spüren, die ich der Gesamtsituation zugeschrieben habe und nicht alleinig auf mein Projekt bezogen habe. Ich verstand dies dahingehend als Auftrag an mich als Forscherin, einen guten Einstieg ins Thema zu finden und diesen Part als möglichst bereichernd für meine Kolleg*innen zu gestalten.

- „Einerseits fühle ich mich mit meinem Projekt thematisch etwas deplatziert in Anbetracht der anderen Schwerpunkte, die auf dem Klausurtag zu erarbeiten sind. Andererseits nehme ich meine Doppelrolle weiterhin als Möglichkeit wahr, nämlich in der Form, als dass ich um die Schwierigkeiten, die zu diesem Zeitpunkt belastend auf das Team einwirkten Bescheid wusste und da mich diese Schwierigkeiten selbst betrafen, bzw. ich diese Ungewissheit, die uns umgab selbst spüren konnte, konnte ich erahnen, wie es meinen Kolleg*innen ging. Wohlwissend, dass weder ich im Rahmen meines Projekts noch wir als Team diese Ungewissheit auflösen konnten. Ich habe es weiterhin als Chance angesehen, dass wir gemeinsam durch die Anwendung des Dialogs möglicherweise zu anderen Betrachtungen, Möglichkeiten und Sichtweisen gelangen können und uns als Team stärken können. Ich habe keine konkreten Erwartungen und versuche sensibel und offen gegenüber den Empfindungen, Gefühlen und Anschichten meiner Kolleg*innen zu sein, um sie als umfassend wahrzunehmen und ihnen zu begegnen" (Forschungstagebuch Wilke, 2019, S. 17).

Im Rahmen des Klausurtages habe ich mir vorgenommen, die theoretischen Ausarbeitungen für meine Kolleg*innen nicht allzu sehr zu überladen, sondern diese kurz, informativ und dennoch inhaltlich lebendig vorzubringen und meine Kolleg* innen zum aktiven mitgestalten zu motivieren, um in einem nächsten Schritt mit den Dialogrunden in den Dienstbesprechungen zu beginnen.

4.3.2 Theoretischer Input

Um zukünftig mit meinen Kolleg*innen Dialogrunden zu gestalten, benötigen sie den Dialog betreffende Grundkenntnisse. Dazu entwarf ich ein Handout, in dem die Kernthemen zusammengefasst worden sind. Die Inhalte dienten meinen Kolleg*innen als Basis für ein theoretisches Grundverständnis des Dialogs. Dazu zählten die Kernfähigkeiten einer dialogischen Haltung, Grundlagen zur Vorbereitung auf den Dialog, das Entstehen von Bewertungen und Annahmen anhand des Modells „Die Leiter der Schlussfolgerungen" (vgl. Hartkemeyer/Hartkemeyer/Dhority, 2010, S. 113, 86, 78–95) und Dialogregeln für Dialoggruppen (vgl. Schopp, 2010, S. 71).

Ich orientiere mich bei dieser Methode an Bohm (2008), der vorschlägt, dass zukünftigen Teilnehmer*innen einer Dialoggruppe „der Dialog" vorab in einer Diskussion oder einem Seminars vorgestellt wird. Dabei soll vorerst über den Dialog an sich geredet werden, bevor dieser in einem nächsten Schritt in Dialogrunden praktiziert wird (vgl. S. 32).

Für diesen theoretischen Teil des Projekts wurden zwei Stunden eingeplant und mit dem Verteilen des Handouts wurde gestartet. Noch während des Verteilens fing eine Kollegin laut an zu lachen, sie hatte bereits mit dem Lesen begonnen und erfreute sich an Folgendem:

Worte und Macht:

Manöverdialog
Funkstation 1: „Bitte ändern sie ihren Kurs um 15 Grad nach Norden, um eine Kollision zu vermeiden:"
Funkstation 2: „Empfehle, sie ändern ihren Kurs um 15 Grad nach Süden."
Funkstation 1: „Hier spricht der Kommandant eines US-Kriegsschiffes. Ich wiederhole, ändern sie ihren Kurs.
Funkstation 2: „Nein. Sie ändern den Kurs!"
Funkstation 1: „Dies ist der Flugzeugträger Enterprise. Wir sind ein sehr großes Kriegsschiff der US-Navy. Ändern sie den Kurs – und zwar jetzt.
Funkstation 2: „Wir sind ein Leuchtturm. Over to you."

Angebliches, von der US Kriegsmarine 1995 freigegebenes Sprechfunkprotokoll, des Flugzeugträgers „USS Enterprise" – oder einfach eine moderne Saga (Hartkemeyer/Hartkemeyer/Dhority, 2010, S. 23).

Mir wurde umgehend klar, dass der Einstig hätte besser geplant werden können, da durch das Verteilen der Unterlagen kein gemeinsamer Start möglich war, sondern jede und jeder individuell startete.

- „Ich hätte den Witz zum Einstieg entweder besser selber vorlesen sollen, anstatt ihn auf das Handout zu schreiben, oder das Handout später verteilen sollen, damit wir den Witz gemeinsam hätten lesen können" (Forschungstagebuch Wilke, 2019, S. 19).

Nach dem etwas holperigen Einstieg begannen wir die Unterschiede zwischen Dialog, Debatte, bzw. Diskussion zu erarbeiten, wobei ich feststellen musste, dass mein Redeanteil zunehmend überwog und ich phasenweise in ein Referieren verfallen bin. Daran war ich nicht ganz unschuldig, da meine Kolleg*innen parallel zu meinem „Vortrag" das Handout lasen.

- „Falls ich nochmal ein ähnliches Projekt gestalten würde, würde ich darauf verweisen, dass niemand mitzuschreiben braucht, da ich am Ende der Veranstaltung eine Zusammenfassung verteilen würde. Das einige meiner Kolleg*innen lasen und andere zuhörten, andere sich wiederum in Nebengesprächen austauschten, brachte viel Unruhe in die Situation. Ziemlich Durcheinander wurde es dann, als Fragen zu Themen gestellt wurden, bei denen ich noch nicht angekommen war. Am liebsten hätte ich meine Kolleg* innen beim Lesen gestoppt. Ich war mir aber nicht sicher, ob das an meinem Anspruch lag, dass alles reibungslos ablaufen sollte, oder ob es nicht auch ok war, dass jede und jeder zunächst liest und anschließend gesprochen werden kann. Ich entschied mich dafür, dass wir gemeinsam mit den Kernfähigkeiten einer dialogischen Haltung weitermachen würden. Und wartete, bis alle dort angekommen waren. Wir starteten also gemeinsam auf Seite drei des Handouts" (Forschungstagebuch Wilke, 2019, S. 19f).

Während ich die Kernfähigkeiten einer dialogischen Haltung beschrieb, ließ ich nach jedem Punkt Zeit und Raum für Nachfragen. Anhand der Gestik und Mimik meiner Kolle*innen und dem aktiven und empathischen Zuhörens vergewisserte ich mich, dass mir inhaltlich gefolgt werden konnte. Gemeinsam suchten wir zu jeder Kernfähigkeit ein Beispiel aus der Praxis. Fall keins gefunden werden konnte, hatte ich im Vorfeld zu jeder Fähigkeit ein Beispiel aus unseren Dienstbesprechungen vorbereitet. Als Beispiel für die „Stufen des produktiven Plädierens" (Hartkemeyer/Hartkemeyer/Dhority, 2010, S. 91) indem es u.a. darum geht, unser gegenüber an Denkprozessen teilhaben zu lassen, anstatt lediglich nur mit fertigen Denkprodukten zu konfrontieren nahm ich folgendes Beispiel aus einer Dienstbesprechung auf.

- Ein zehnjähriges Kind durfte aus gesundheitlichen Gründen vorübergehend keine Schokolade essen. Es hätte aber die Möglichkeit gehabt, durch die Einnahme bestimmter Medikamente und der eigenständigen Durchführung einer medizinisch empfohlenen Intervention, Schokolade essen zu dürfen. Aus Gründen der Bequemlichkeit führte es die Intervention nicht durch, in Absprache mit der Ärztin wurde beschlossen, dass es keine Schokolade, Schokoladenaufstrich, etc. gäbe, bis es sich auf das medizinische Programm einlassen würde. Das war ihm bewusst und somit hatte es den weiteren Verlauf ein Stück weit in der eigenen Verantwortung. Als Ostern vor der Tür stand, ging es in der Dienstbesprechung um die Ostergeschenke für die Kinder. Als jemand plötzlich sagte, dass dieses Kind auch einen Osterhasen bekommen muss. Es gab eine hitzige Debatte, da die anderen Kolleg*innen nicht verstanden, wieso plötzlich dieses Thema entstand. Es folgte ein heftiger Schlagabtausch, in der die Kolleg*in vehement und zunehmend lauter ihre Ansicht verteidigte, dass eben dieses Kind einen Schokohasen bekommen müsste. Sie beschrieb, dass das Kind über die Maße leiden würde und sie ständig um Schokolade anflehen würde. Dieses Verhalten wurde von niemand anderem wahrgenommen. Für alle anderen war sich das Kind seiner Situation bewusst und aß selbstgewählte Alternativen, wie z.B. Erdnussbutter, Marmelade, Weingummi, Chips etc. Die Kollegin war zunehmend aufgebracht und stellte uns Kolleg* innen als herzlos und verbissen dar und sprach der behandelnden Ärztin die Kompetenz ab. Es ging so weit, als dass die Kollegin sich über den ärztlichen Rat und den Teamentschluss stellen wollte und sagte, dass es ihr egal sei, was wer sagen würde, sie würde dem Kind einen Schokoladenhasen schenken. Die Stimmung war fast schon explosiv und niemand wusste, warum das jetzt passierte und was der Auslöser gewesen ist. Die besagte Kolleg*in war verärgert, wütend und völlig aufgebracht. Wir anderen Kolleg* innen eher verwundert und ein Stück weit fassungslos, bemerkten aber auch die Verzweiflung der Kolleg*in. Diese wollte nicht mehr über das Thema sprechen und beendete die Situation mit: „Macht doch was ihr wollt."

Diese Situation haben wir am Klausurtag im Zusammenhang der Denkprozesse und Denkprodukte aufgegriffen. Allen war diese Situation noch im Bewusstsein. Das Ergebnis war, dass die Kollegin berichtete, dass sie selbst als Kind keine Schokolade essen durfte und sich an das Gefühl erinnerte, wenn sie als einziges der Geschwister keine Süßigkeiten bekam und nun davon ausging, dass das Kind sich ähnlich fühlt. Dadurch, dass wir an dem Denkprozess teilhaben konnten, konnten wir das Denkergebnis besser nachvollziehen und anders damit umgehen. Anhand dieses Beispiels haben wir lernen können, wie wichtig die Beteiligung Anderer an unseren Denkprozessen sein kann, um Missverständnisse zu umgehen. Nachdem wir die Kernfähigkeiten einer dialogischen Haltung besprochen hatten, widmeten wir uns der Leiter der Schlussfolgerungen. Wir betrachteten gemeinsam das Foto (Abb.: 3 des vorliegenden Artikels) und sind auch hier die einzelnen Stufen miteinander durchgegangen und haben die eigenen Gedanken, die bei der Betrachtung des Bildes entstanden sind, offengelegt und haben hinterfragt, warum wir zu bestimmten Annahmen gekommen sind.

Im weiteren Verlauf haben wir die Dialogregeln nach Schopp (vgl. 2010, S. 71) besprochen, so dass alle Kolleg*innen auf die kommenden Dialogrunden vorbereitet waren.

4.4 Praxisgestaltung Teil 2/Dialogrunden 1 – 8

Im Folgenden Teil beschreibe ich die Gestaltung und Durchführung der Dialogrunden. Dies geschieht, ebenso wie in den vorangegangenen Unterkapiteln anhand des Quadrantenmodells unter der Berücksichtigung der „Vier Dimensionen der Wirklichkeiten" nach Ken Wilber (vgl. Fuhr/Dauber, 2002, S. 22). Dabei stütze ich mich ebenfalls auf Einträge meines Forschungstagebuches, welche sowohl meine eigenen Beobachtungen und Gefühle wiedergeben als auch die meiner Kolleg*innen. Dies geschieht in dem Bewusstsein, dass ich für die Beurteilung und Interpretation von Gesagtem und der Deutung von Mimik meiner Kolleg*innen in eine, wie Buber sie nennt, ICH-ES-Haltung wechseln werde (vgl. 2006, S. 11).

In der nächsten Dienstbesprechung, die nach dem zuvor beschriebenen Klausurtag stattfinden würde, sollte die erste Dialogrunde stattfinden. Im Vorfeld wurden noch einmal die Dialogregeln für alle Kolleg*innen kopiert, da die Äußerung meiner Kolleg*in mich von der Annahme Abstand nehmen ließ, dass jede*r die Regeln mitbringen würde:

- „Ach so ... Kannst du die Zettel nochmal mitbringen, ich habe nicht gewusst, dass wir die behalten sollen" (Forschungstagebuch Wilke, 2019, S. 23).

Ich interpretierte diese Aussage nicht negativ. Da ich meine Kolleg*innen schon über einen längeren Zeitraum im Arbeitskontext kennenlernen durfte, nahm ich keine böse Absicht bzgl. des „Nichtaufbewahrens" der Arbeitsmaterialien an. Ich habe meine Kolleg*in eher als peinlich berührt erlebt, da sie mich erneut um die Zettel bitten musste. Das tat mir leid, denn ich habe es innerlich vorausgesetzt, dass alle die Dialogregeln zum nächsten Teil wieder mitbringen würden. Ich brachte dies jedoch nicht explizit zum Ausdruck. Somit ließ ich meine Kolleg*innen weder an meinem Denkprozess noch an meinem Denkprodukt teilhaben, wie es im eigentlich dialogischen Sinn sein sollte (vgl. Hartkemeyer/Hartkemeyer/ Dhority, 2010, S. 91). Sicherlich wäre es richtig gewesen, meine Kolleg*innen zu bitten, die Dialogregeln zur nächsten Dienstbesprechung wieder mitzubringen um die schambesetzte Situation zu verhindern. Ich verteilte die Dialogregeln erneut bei der nächsten Dienstbesprechung, einige hatten ihre eigenen Unterlagen dabei. Zu Beginn legten wir gemeinsam fest, welches der drei größeren Themen wir in der Dialogrunde besprechen wollten[45]. Wir entschieden uns für ein Thema, das mit der angestrebten Umstrukturierung der Gruppe zusammenhing. Die restlichen Themen bearbeiteten wir im üblichen Setting im Wohnzimmer der Gruppe, am Esstisch. Blätter, Stifte, Dienstpläne, Getränke und Snacks standen wie üblich zur Selbstbedienung auf dem Tisch. Ebenso Ordner, Kalender und Dienstpläne. Als letzter Punkt auf der Tagesordnung blieb das Thema, welches wir in der Dialogrunde besprechen wollten. Wir setzten uns dafür eine zeitliche Frist von maximal 60 Minuten und

---

[45] Wird der Dialog, so wie wir ihn angewandt haben mit einem ausgewählten Thema versehen und einer darauf bezogenen Zielsetzung, handelt es sich um einen zielgerichteten Dialog. Dieser unterscheidet sich im Gegensatz zum generativen Dialog durch die thematische Vorgabe und der Zielgerichtetheit. Generative Dialoge zeichnen sich durch Themen- und Zielfreiheit aus. Beide Arten des bewusst gestalteten Dialogs werden unter Berücksichtigung der dialogischen Grundregeln geführt (vgl. Hartkemeyer/Hartkemeyer/Dhority, 2010, S. 43).

wechselten vom Esstisch in die benachbarte „Sofaecke", welche das Sitzen im Kreis ermöglicht. Dies ist nach Bohm (2008) wichtig, um allen Beteiligten einer Dialogrunde eine direkte Kommunikation zu gewähren und um sicherzustellen, dass niemand bevorzugt oder übersehen wird (vgl. S. 47). Bevor wir begannen, verteilte ich erneut die bekannten Dialogregeln nach Schopp (vgl. 2010, S. 71).

In die Mitte unseres Sitzkreises stellte ich eine leere Tasse und erklärte diese zum Redesymbol. Nach Hartkemeyer, Hartkemeyer und Dhority (2010) hat das Redesymbol seinen Ursprung in der amerikanischen Stammeskultur der indigenen Völker. In sogenannten „Council"-Runden ist es u.a. ein Ritual, dass nur derjenige sprechen durfte, der den Stein als Redesymbol in der Hand hielt. Dieser wurde nach Beendigung des Wortbeitrages weitergegeben. Somit wurde gewährleistet, dass sich alle beteiligen konnten. Wer nicht sprechen wollte, konnte den Stein weitergeben (vgl. S. 106). Durch das Anwenden eines Redesteins/Redesymbols soll dem üblichen Hin und Her von Argumentationen und Gegenargumenten Einhalt geboten werden. Die Person, die den Redestein in den Händen hält, soll sich gewiss sein, dass sie Zeit zum Nachdenken hat und die eigenen Gedanken sortieren kann. Anstatt eines Steins kann auch jeder andere Gegenstand genutzt werden, dem allerdings die gleiche Symbolik zugesprochen wird. Durch dieses Ritual soll zum einen Zeit als auch Ruhe geschaffen werden und ebenso Raum zum Nachdenken, zum anderen soll das aufmerksame Zuhören ermöglicht werden. „Für viele ist es eine Erleichterung, während des Sprechens einfach in Ruhe Atem zu holen, ohne befürchten zu müssen, dass jemand diese Atempause nutzt um ihr oder ihm ins Wort zu fallen" (Hartkemeyer/Hartkemeyer/Dhority, 2010, S. 106). Darüber hinaus könnte Teilnehmenden, denen es zuweilen an rhetorischer Schnelligkeit fehlt, durch die Verwendung eines Redesymbols ermöglicht werden, sich mit Ruhe und bedacht am Gespräch zu beteiligen ohne Sorge haben zu müssen, sich nicht mitteilen zu können, da sie nicht dazwischen kommen würden (vgl. ebd., S. 107).

Der Beginn der ersten Dialogrunde war etwas holperig. Auf mich wirkten meine Kolleg*innen im Umgang mit dem Redesymbol, in unserem Fall war es eine Tasse, zunächst unangenehm berührt und auch verlegen. Die Tasse wurde zunächst nur zögerlich und belächelnd, fast schon beschämt genutzt.

- „Am Anfang haben mich meine Kolleg*innen beim Greifen der Tasse immer etwas verschmitzt angelächelt. So, als würden sie es eher albern finden, die Tasse zu benutzen. Andererseits suchten sie beim Greifen anfangs immer meinen Blick. So, als würden sie auf mein „OK" warten um anzufangen. Sie haben mich mit ihrem lächelnden, aber auch unsicherem Blick gebeten ihnen zuzustimmen, dass sie alles richtig machten und nun wirklich sprechen dürften. Erst nachdem ich ihnen motivierend zugenickt habe, haben sie gesprochen. Erst habe ich überlegt, ob ich ihnen sagen soll, dass sie alles richtig machen und reden können, sobald sie die Tasse in der Hand haben und mich nicht zusätzlich um Erlaubnis bitten müssten. Ich entschied mich dagegen, weil ich meine Kolleg*innen in ihrer Unsicherheit nicht vorführen wollte. Ich blieb bei einem motivierenden Nicken. Das war meiner Meinung nach die richtige Entscheidung, denn nach und nach entwickelten meine Kolleg*innen auch ohne meine Worte und ohne mein bestätigendes Nicken die Selbstsicherheit mit der Tasse umzugehen. Sie lächelten auch nicht mehr verunsichert beim Gebrauch. Innerhalb der ersten Dialogrunde wurde der Gebrauch der Tasse als Redesymbol zunehmend selbstverständlicher" (Forschungstagebuch Wilke, 2019, S. 26).

Während der Dialogrunden nahm ich in Absprache mit meinem Team die Rolle als Dialogbegleiterin ein. Bohm beschreibt den oder die Dialogbegleiter*in als eine Person, die „die Gruppe im Auge behält und von Zeit zu Zeit erklärt, was gerade geschieht. (...) [Wobei] die Teilnehmer [lernen werden] sich immer weniger auf den Dialogbegleiter [zu] verlassen" (Bohm, 2008, S. 47f, Klammerangabe KW). Im Sinne Bohms macht sich der Dialogbegleiter/die Dialogbegleiterin im Laufe der Zeit überflüssig und auch Hartkemeyer, Hartkemeyer und Dhority betrachten Dialogbegleiter*innen als Unterstützung, indem er oder sie in das Geschehen eingreift, wenn die Teilnehmenden die Leitlinien verletzen und der echte Dialog dadurch gefährdet wäre. Dialogbegleiter*innen sind zum Schutz der Teilnehmer*innen von Dialoggruppen zu verstehen. Durch ihr Agieren soll die Dialogrunde als Ort des Vertrauens und ohne Verletzungen erlebt werden können. Dies geschieht durch die Berücksichtigung und Ausübung der Kernfähigkeiten der dialogischen Haltung (vgl. Hartkemeyer/Hartkemeyer/Dhority 2010, S. 104; Bohm, 2008, S. 47f).

In den ersten Dialogrunden forderten besonders die von mir direkt „beobachtbaren" Verletzungen der Dialogregeln meine Aufmerksamkeit. Regeln, wie z.B. sich gegenseitige ausreden lassen, sich kurz fassen oder bewusste zuzuhören wurden oft nicht eingehalten. Ich habe beobachtete, dass es meinen Kolleg*innen trotz Redesymbol zunächst überaus schwer gefallen ist, auf einander und auf sich selbst zu achten.

- „Ich bin erstaunt, wie schwer es in den ersten Dialogrunden war, dass sich alle in Ruhe und bewusst ausreden lassen. Einige meiner Kolleg*innen haben es nicht gut aushalten können ruhig abzuwarten, bis die Person mit dem Redesymbol ihren Beitrag beendet hatte. Auch wenn er kurz war. Es wurde noch während der Sprechphase angedeutet, im Anschluss die Tasse haben zu wollen. Manche meldeten sich und/oder schnipsten mit den Fingern. Ich habe mehrfach in die Situation eingegriffen, da zwar nicht direkt mit Worten, aber durch Gesten unterbrochen wird und der oder die Redner*in unter Druck gesetzt wurde, schneller als gewollt zum Ende zu kommen. Meine Kolleg*innen versuchten auf einander zu achten und in Ruhe abzuwarten. Das klappte mal mehr mal weniger gut" (Forschungstagebuch Wilke, 2019, S. 27).

Gerade in der Anfangsphase war es meiner Erfahrung nach sinnvoll und auch nötig, dass ich die Rolle der Dialogbegleiterin ausführte und mich korrigierend und erklärend einbrachte. In den ersten drei Dialogrunden ging es, trotz des Redesymbols, hauptsächlich um das Einander ausreden lassen. Ich achtete darauf, dass alle Kolleg*innen in Ruhe ihre Gedanken mitteilen konnten. Ich habe diese Aufgabe als Herausforderung wahrgenommen, da ich meine

Kolleg*innen durch mein häufiges Eingreifen nicht entmutigen wollte. Während meines Eingreifens habe ich versucht, wertschätzend und motivierend zu sein. Nach Muth (2013) ist die Art und Weise wie die Dialogbegleitung den Dialog vorlebt, eine wichtige Voraussetzung dafür, dass die Teilnehmer*innen die Dialogregeln anerkennen und somit auch umsetzen. Es geht um die Glaubwürdigkeit der Dialogbegleiter*innen (vgl. S. 58). Demnach war es mir wichtig, meinen Kolleg*innen in meiner Rolle als Dialogbegleiterin dialogisch auf einer Ebene zu begegnen.

Meine Kolleg*innen haben die ersten Dialogrunden folgendermaßen erlebt und beschrieben:

- „Das ist ja Wahnsinn, wie oft wir uns unterbrechen, wenn man mal darauf achtet, also du weist uns ja darauf hin" (Forschungstagebuch Wilke, 2019, S. 28).
- „Boah, das ist ja mal richtig anstrengend. Ich dachte das geht einfach so, so wie 'ne normale Dienstbesprechung auch" (ebd., S. 28).
- „Für mich ist das mit der Redetasse richtig gut. Sonst poltere ich immer so drauf los" (ebd., S. 29).
- „Gewöhnungsbedürftig. Fast hätte ich gesagt albern, aber dann hat es doch erstaunlich gut funktioniert mit dem Tässchen" (ebd., S. 29).
- „Wir fallen uns jetzt aber schon weniger ins Wort, oder?" (ebd., S. 29).

Die Wahrnehmungen meines Teams spiegeln ähnliche von mir selbst gemachte Beobachtungen wieder und einige Gefühle die von Kolleg*innen geäußert wurden habe ich selbst fühlen können. Empfindungen wie z.B. Anstrengung, Scharm und auch Freude, wenn wir gemerkt haben, dass es phasenweise gut lief und ein hohes Maß an Achtsamkeit, Geduld und Rücksichtnahme untereinander vorhanden war. In den ersten Dialogrunden wirkte der Dialog im Vergleich zu späteren Runden eher als eine Aufreihung von zusammenhangslosen Redebeiträgen. Es schien, als würden sich meine Kolleg*innen noch während des Zuhörens Gedanken darüber machen, was sie als Nächstes sagen möchten, sobald die Redetasse frei wäre, ohne auf das zuvor Gesagte einzugehen, bzw. es zu beachten. Das hieß, dass sie nicht aufmerksam zuhörten, sondern mit eigenen Gedanken beschäftigt waren. Dies ließ keinen dialogischen Redefluss aufkommen, sondern mündete in aufeinanderfolgenden, zusammenhangslosen Aussagen. Ähnliche Erfahrungen haben Hartkemeyer, Hartkemeyer und Dhority (2010) zu Beginn verschiedener Dialoggruppen gemacht, in denen sich ebenfalls erst durch das bewusste Zuhören „ein organischer ‚Fluß der Bedeutung' entwickeln [konnte,] statt einer bloßen Ansammlung einzelner Statements" (S. 107, Klammerangabe KW). Das bedeutete, dass ich oft auf bestimmte dialogische Kernfähigkeiten, wie das Zuhören und die Verlangsamung hinweisen musste und regelmäßig auf die Grundlagen des Dialogs und auf die Dialogregeln aufmerksam machte.

- „Ich versuche meine Kolleg*innen freundlich, motivierend und wertschätzen auf die Dialogregeln aufmerksam zu machen. Da ich in den ersten Runden oft eingreifen musste, möchte ich meinen Kolleg*innen nicht das Gefühl vermitteln, sie würden zu viele „Fehler" machen. Durch einen freundlichen, respektvollen Umgangston möchte ich ihnen vermitteln, dass es völlig in Ordnung ist, nicht alle Regeln sofort umsetzten zu können. Ich habe an der Stelle oft auch auf Bohm verwiesen, der sagt, dass sich Dialoggruppen aus seiner Sicht über Jahre treffen sollen, um einen echten Dialog in seinem Sinn führen zu können um vielleicht erst dann auf eine Dialogbegleitung verzichten zu können[46]. Ebenso hat mir die Ausführung von Danah Zohar geholfen, indem sie sagte, dass Änderungsprozesse mit konkreten Veränderungen im Gehirn einhergehen würden, dass sich physisch etwas in uns verändert und dass das mit Schmerzen verbunden sei[47]. Den Schmerz, den Zohar beschreibt habe ich in diesem Zusammenhang mit einem

---

[46] (vgl. Bohm, 2008, S. 46)
[47] (vgl. Hartkemeyer/Hartkemeyer/Dhority, 2010, S. 77)

Aushalten gleichgesetzt. Dass meine Kolleg*innen und ich diesen Prozess der Veränderung, der nicht von jetzt auf gleich geschehen kann, aushalten müssen. Meine Kolleg*innen halten mich aus, mich, die immer eingreift und sie müssen auch sich selbst in einer neuen Gesprächssituation betrachten und erleben, die so anders ist als die herkömmliche" (Forschungstagebuch Wilke, 2019, S. 31f).

Ab der vierten Dialogrunde begann die Dienstbesprechung direkt mit einer Dialogrunde wobei die Themen nicht mehr vorsortiert wurden. Die Mehrheit der Teammitglieder haben sich gewünscht, dass die gesamten „allgemeinen Punkte" wie wir sie nennen, dialogisch besprochen werden sollten, ohne sich einzelne rauszusuchen. Anders als für die einzelnen Themen setzten wir uns kein Zeitlimit. Für die allgemeinen Punkte brauchten wir in den darauffolgenden Dialogrunden zwischen 1,75 und 2,5 Stunden. Mittlerweile brauchte es, was den Umgang mit dem Redesymbol betraf, kaum noch eine Eingewöhnungszeit. Ich nahm wahr, dass ich deutlich weniger eingreifen musste, um darauf aufmerksam zu machen, dass jemand den oder die andere*n nicht hat aussprechen lassen oder einige trotz mehrfacher Versuche nicht zu Wort kamen. Innerhalb des Teams nahm ich deutlich mehr Rücksichtnahme wahr. Passierte es z.B. dass zwei Personen gleichzeitig zu sprechen begannen, machten die Personen es untereinander aus, wer zuerst beginnen sollte. Kam es vor, dass jemandem eine Zwischenbemerkung „rausrutschte", entschuldigte er oder sie sich sofort und ließ die andere Person in Ruhe ausreden. Ich beobachte innerhalb der Dialogrunden bei meinen Kolleg*innen und in der Kommunikation miteinander positive Veränderungen im Gegensatz zur herkömmlichen Dienstbesprechung. Wir behandelten die Themen konzentriert und ohne Abschweife. Das gegenseitige Interesse an den Denkvorgängen meiner Kolleg*innen untereinander schien gegeben zu sein. Dies ließ sich m. E. daran fest machen, dass beispielsweise kein harsches Abwerten von Ansichten und Meinungen stattfand, sondern zunächst wohlwollend nachgefragt wurde, um Auffassungen zu verstehen bzw. nachvollziehen zu können. Daraus konnte aus meiner Sicht abgeleitet werden, dass eine sichere Atmosphäre vorhanden war, in der ein aufrichtiges Fragen und Antworten geschehen durfte. Insgesamt wirkten meine Kolleg*innen ruhiger und besonnener. Ihre Körper wirkten entspannter und es schien, als könnten sie sich selbst besser aushalten und auch besser abwarten, bis sie ihre Wortbeiträge mitteilen konnten. Das anfängliche Zappeln, Schnipsen, das hektische hin und herbewegen und das Melden durch Finger heben war so gut wie nicht mehr zu beobachten. Besonders überrascht hat mich, dass Kolleg*innen, die in der ursprünglichen Dienstbesprechung häufig dazwischenredeten und anderen ins Wort fielen und zu vielen Themen überdurchschnittlich viele Bemerkung machten, neben ihrer Sicht auf die Dinge kaum andere zuließen, im Rahmen der Dialogrunden wenig sagten.

- „Heute waren beide Kolleg*innen wieder sehr ruhig und haben kaum gesprochen, wirken aber nicht genervt oder verunsichert. Trotzdem habe ich sie einzeln angesprochen und meine Beobachtungen, dass ich sie als ungewöhnlich still erleben würde, mit ihnen geteilt.
Antwort 1: „Ich genieße das Zuhören. Und wenn ich was zu sagen habe, mache ich das. Alles gut. Mach' Dir mal keine Gedanken."
Antwort 2: „Echt?! War mir nicht bewusst."

Erstaunt hat mich, dass es einerseits eine bewusste Entscheidung war, andererseits ein unbewusstes geschehen lassen. Beide Kolleg*innen wirkten ehrlich auf mich und ich hatte nicht das Gefühl, dass es ihnen im Rahmen der Dialogrunde unwohl sei und sie sich möglicherweise nicht trauten in diesem Setting etwas zu sagen" (Forschungstagebuch Wilke, 2019, S. 33).

Ab der fünften Dialogrunde verzichten wir auf das Redesymbol und haben versucht durch gegenseitige Achtsamkeit und ggf. durch mein gezieltes Eingreifen als Dialogbegleiterin den Dialog gemeinsam zu gestalten. Der Ton und die Lautstärke, die im Rahmen des Dialogsettings wahrzunehmen war, wirkte angenehm und wertschätzend und nicht vergleichbar mit den Strukturen und der unangenehmen Lautstärke und dem z.T. aggressiven Ton, der generellen Dienstbesprechung. Das Sprechen wirkte entschleunigt und nicht gehetzt, eher ruhig und bedacht, allerdings fiel mir auf, dass die einzelnen Wortbeiträge von Teammitgliedern z.T. länger wurden und an Monologe erinnerten. Dadurch war es für die anderen Kolleg*innen schwieriger auf bestimmte Teile von längeren Beiträgen einzugehen. In diesem Zusammenhang machte ich erneut auf die Regel des Sich Kurzfassens und von Herzen Sprechens aufmerksam. Ich habe versucht, den Dialogprozess zu unterstützen, indem ich das Geschehen mit meinen Kolleg*innen reflektierte. Meine Kolleg*innen nahmen dies positiv auf und sagten, dass sie diese Reflexion bräuchten, da ihnen ihr eigenes Verhalten manchmal selber nicht aufgefallen war.

- „In einer der letzten Dialogrunden kam es zu außergewöhnlichen Rückschritten was unsere Kommunikation und unser Verhalten betraf. Ich beziehe mich diesmal bewusst mit ein, da ich mit der Aufgabe der Dialogbegleitung in dieser Runde z.T. überfordert war, bzw. sie nicht dialogisch ausgeübt habe. Dies konnte ich an folgender Situation festmachen:

Innerhalb der Dialogrunde wurde uns durch die Hausleitung mitgeteilt, dass es kurzfristig erneute Gespräche bezüglich der Konzeption, bzw. der Umgestaltung unserer Gruppe geben würde, an denen wir nicht beteiligt wären. Darüber hinaus wurden keine weiteren Informationen genannt[48]. Ich persönlich fühlte mich ohnmächtig, was das Thema betraf. Die Dialogrunde wurde „irgendwie" zu Ende gebracht. Ich kann von mir sagen, dass ich gedanklich nicht im Dialog war. Ich war nicht achtsam gegenüber den Anderen und hörte auch nicht aufrichtig zu. Ich beobachtete, dass es meinen Kolleg*innen ähnlich erging. Trotz meiner Rolle als Dialogbegleiterin, wurde der Ton sehr unfreundlich, es wurde sich gegenseitig unterbrochen und auch ich habe mich im Unterbrechen beobachtet. Die Stimmung war gereizt und resigniert. Es fielen Wortbeiträge, wie:

---

[48] Nach Schulte und Kauffeld ist „mangelnde Kommunikation oder auch bewusstes Zurückhalten von Informationen zwischen Abteilungen" (Schulte/Kauffeld, 2017, S. 112) ein weiterer Grund, der eine Team in eine Krise stürzen kann.

- „Der Dialog hat doch hier keinen Sinn mehr."
- „Ich kann es nicht mehr hören. Lasst uns für heute aufhören. Ich kann nicht mehr."
- „Haben wir noch was Wichtiges, ansonsten lasst uns das jetzt schnell durchziehen und fertig."

Hartkemeyer und Hartkemeyer berichteten über ein ähnliches Vorkommnis. In einem Unternehmen fanden ebenfalls Dialogrunden statt, die erste verlief ausgesprochen gut, die darauffolgende im Vergleich schrecklich und sehr „undialogisch". In dem Fall sollte eine Entscheidung herbeigeführt werden, wobei die Frage schon auf eine Entscheidung hin formuliert war. Zusätzlich war die Zeit äußerst knapp bemessen und darüber hinaus nahmen zwei Personen nicht an der Dialogrunde teil, sondern ließen ihre Kommentare schriftlich und auch mündlich, bezogen auf die Fragestellung, durch die Vorsitzende einbringen (vgl. 2005, S. 209f). Ich nehme Parallelen zwischen beiden Situationen wahr. Zwar sind die Umstände unter denen das passierte unterschiedlich, dennoch sind Machtstrukturen erkennbar, die in beiden Beispielen auf die Gruppen einwirken. Weder in dem einen noch in dem anderen Beispiel ging es darum **gemeinsam** Entscheidungen zu treffen, die von allen getragen werden können. Vielleicht lässt das einen Dialog per se scheitern, weil das nicht dem Sinn entspricht. Äußerliche Umstände und inhaltliche Strukturen führten in unserem Fall zu Ohnmacht, Frustration und Resignation. Hartkemeyer und Hartkemeyer es als Grenze des Dialogs, wenn Angst vor Neuem oder Fremden aufkommt (vgl. ebd., S. 228). Dies werde ich in der nächsten Dialogrunde aufgreifen" (Forschungstagebuch Wilke, 2019, S. 34).

Die darauffolgende Dialogrunde begann mit der Reflexion der letzten Runde. Die Frustration und die Ohnmacht gegenüber der Ungewissheit, wie es mit der Gruppe weitergehen würde, wurde als Auslöser für z.T. ungehaltenes Verhalten, Zurückgezogenheit und Rücksichtslosigkeit benannt. Die Kolleg*innen beschrieben ihre Empfindungen, wie z.B. Angst, Unbehagen, Wut und Sorge vor Unbekanntem. Ein großes Thema war die Ungewissheit, wann es letztendlich zu einer Entscheidung kommen würde. Diese Dialogrunde verlief emotional. Am Ende hatten wir zwar keine Lösung bzw. keine Antwort auf die Frage, wie es weitergehen würde, dennoch konnten wir die Runde positiv und gemeinsam als Team abschließen.

Die weiteren Dialogrunden verliefen weiterhin sehr rücksichtsvoll und ich nahm ein wachsendes Maß an Achtsamkeit untereinander wahr. Ich spürte, dass meine Kolleg*innen sich bemühten, achtsam zu sein. Ein Bemühen, das mit Anstrengungen verbunden war, denn meine Kolleg*innen beschrieben die Dialogrunden einerseits als beruhigend, leiser, produktiver und wertschätzender im Gegensatz zur herkömmlichen Dienstbesprechung, empfanden diese aber auch als anstrengend. Die Anstrengung erlebten sie durch das ungewöhnlich hohe Maß an Aufmerksamkeit, das aufgebracht werden musste, um bewusst auf sich selbst und die anderen zu achten und darauf, das Zuhören, Denken und Sprechen intensiv zu beobachten und zu erleben. Das ging aus folgenden, beispielhaften Wortmeldungen meiner Kolleg*innen hervor.

- „Man das ist ganz schön stressig. Ich dachte wir machen das hier, um weniger Stress zu haben [lachend]. Und das alles gleichzeitig im Blick zu haben, ist schon aufwändig. Aber es lohnt sich schon. Guck mal, wie schnell wir fertig sind. Und wir waren nicht laut" (Forschungstagebuch Wilke, 2019, S. 36).

- „Ich muss ganz ehrlich sagen, dass es schon anstrengend ist, ja. Aber schaut mal, wie ruhig und angenehm die Atmosphäre und die Lautstärke ist. Das erlebe ich als besonders positiv, da nehme ich gerne die Anstrengung in Kauf, obwohl ich das nicht als so anstrengend wahrnehme wie ihr. 'müsst euch alle einfach mal etwas zusammenreißen [augenzwinkernd]" (ebd., S. 36).

- „Ich sehe das auch so. Klappt schon alles sehr gut, aber am Tisch sitze ich trotzdem besser, da kann ich schreiben und hier [auf dem Sofa] sitze ich so schlecht, mir fehlt mein Dienstplan und so. Obwohl, hier sind wir so schön leise.

- [längere Pause] Hach, ich weiß doch auch nicht" (ebd., S. 36, Klammerangabe KW).
- „Ich sehe das ähnlich wie xy. Und denkt dran, was am Anfang gesagt wurde... Das Ganze dauert. Und ich finde wir machen das schon gut. Obwohl es schon auch noch ein wenig anstrengend ist. Aber die Tasse brauchen wir schon nicht mehr. Wir werden von mal zu mal besser" (ebd., S. 36).

Ich nahm die Dialogrunden sowohl auf persönlicher als auch auf Teamebene zunehmend als Bereicherung wahr. Meine Kolleg*innen empfanden und erlebten sie ebenfalls positiv, auch wenn sie mit Anstrengungen verbunden waren, wobei diese nach eigenen Aussagen nach und nach abnahm. Trotz dieses Empfindens setzten sich die Kolleg*innen zu jeder Dienstbesprechung zunächst an den Esstisch und erst nachdem ich sie an die Dialogrunden erinnerte, wechselten wir den Platz. Dies kann natürlich der Gewohnheit geschuldet sein, jedoch wirkte der Wechsel auf die benachbarte „Sofaecke" immer auch etwas schleppend und ich hatte das Gefühl, dass es bei vereinzelten Kolleg*innen nicht mit großer Begeisterung verbunden war. Bei mindestens zwei Kolleg*innen nahm ich jedoch Vorfreude in Bezug auf die Dialogrunden wahr, dies schloss ich aus folgenden Aussagen:

- „Ich finde das gut, wenn wir das wieder „auf dem Sofa"[49] machen" (Forschungstagebuch Wilke, 2019, S. 30).
- „Wieso sitzen wir jetzt hier? Fangen wir nicht „auf dem Sofa" an, das fände ich aber echt schade" (ebd., S. 33).

Nach der Durchführung der acht geplanten Dialogrunden, sollte der Prozess mit allen gemeinsam in einer letzten, von mir als Forscherin geleiteten Dialogrunde reflektiert werden. Die Ergebnisse werden im nächsten Kapitel dargestellt.

---

[49] Die Dialogrunden wurden von den Kolleg*innen allerdings nicht Dialogrunden genannt, sondern es wurde schnell synonym der Terminus „auf dem Sofa" für die Dialogrunde benutzt.

5. Reflexion der Dialogrunden

Zunächst fasse ich meine Beobachtungen im Kontext der Dialogrunden und die daraus resultierenden Annahmen und Schlussfolgerungen zusammen. In einem nächsten Schritt wird die Reflexion, wie wir sie gemeinsam als Team im Rahmen einer Dialogrunde durchgeführt haben, dargestellt. Daran anschließend werden meine Beobachtungen und Annahmen mit dem Team kommunikativ validiert.

Wie im vorangegangenen Kapitel beschrieben, starteten die jeweiligen Dialogrunden stets mit einer Aufforderung und kurzzeitig eher schleppend, wie der Beginn des gesamten Projekts. Dies führe ich auf die Einfindungsphase in meine unterschiedlichen Rollen zurück wobei dies durch die Sorge meiner Kolleg*innen vor Veränderung verstärkt wurde. Die Anmerkungen zu Beginn des Projektes zielten häufig darauf ab, dass zwar die Notwendigkeit von Veränderung erkannt wurde, diese aber möglichst mit wenig Aufwand verbunden sein sollte. Ähnliches nahm ich bis zum Ende des Projekts wahr.

Betrachte ich rückblickend meine Kolleg*innen, mich und den Dialog, frage ich mich, ob es zu einem echten Dialog zwischen uns gekommen ist oder nicht, obwohl Bohm es als „eine der geistigen Sperren" (Bohm, 2008, S. 32) beschreibt, wenn wir uns diese Frage stellen. Orientiere ich mich an den Kernfähigkeiten und Haltungen, die nach Hartkemeyer und Hartkemeyer den Dialogprozess ermöglichen, oder ihn auch verhindern (vgl. 2005, S. 50–53), konnte ich beobachten, dass einige Aspekte innerhalb der Dialogrunden erfolgreich funktionierten. Dazu zähle ich, dass sich gegenseitig mit Respekt begegnet wurde, dass das Zuhören und auch die Verlangsamung zunehmend verinnerlicht wurden. Ich erlebte meine Kolleg*innen empathisch und mit wachsender Rücksichtnahme. Monologe, wie sie in Dienstbesprechungen oftmals vorkamen, wurden bewusster vermieden, wobei vermehrt Wert auf die Meinungsäußerungen anderer gelegt wurde. Bei Entscheidungsfindungen habe ich beobachten können, dass auch in diesem Bereich langsam eine

Veränderung zu erkennen war. Prozesse wurden hinterfragt, bzw. es wurden Ansichten, die einem nicht recht waren, nicht sofort ausgeschlossen und es wurde darauf verzichtet, einheitliche Lösungen zu finden.

Dennoch kann ich nicht mit absoluter Gewissheit sagen, inwieweit wir einen echten Dialog geführt haben. Mit Sicherheit kann gesagt werden, dass sich innerhalb der Dialogrunden die Kommunikation deutlich verbessert hat. Ich habe Qualitäten und Veränderungen erkannt, wobei mir besonders auffiel, dass der Umgangston in den Dialogrunden bedacht und leise war. Die Dialogrunde strahlte eine ruhige und angenehme Atmosphäre aus, die sich durch eine angenehme Lautstärke auszeichnete und nichts mit den ursprünglichen Dienstbesprechungen gemeinsam hatten. Niemand musste schreien oder sich anderweitig verbal behaupten. Das Klima war besonders wohltuend und löste keinen Stress aus.

Umso überraschender war es, dass nachdem wir die jeweiligen Dialogrunden auflösten und uns zur Besprechung der einzelnen Kinder und Jugendlichen zurück an den Esstisch setzten, die vorangegangene Wertschätzung, die Rücksichtnahme und der angenehme Ton der innerhalb der Dialogrunden anklang, obsolet waren. Mit dem Umsetzen an den Tisch schlug das Verhalten des Teams größtenteils in das ursprüngliche Verhalten aus Dienstbesprechungen um, welches nach Hartkemeyer und Hartkemeyer (2005) als Garant für eine Dialogvermeidung zu verstehen ist (vgl. S. 51)[50]. Ich konnte beobachten, dass mit dem Ortswechsel eine große Unruhe einherging, diese war für mich nahezu umgehend spürbar. Da dies kein Einzelfall war, sondern die Regel, konnte ich nach mehrmaliger Beobachtung die aufkommende Unruhe und den Stimmungswechsel u.a. an verschiedenen Ablenkungsmög-

---

[50] Hartkemeyer und Hartkemeyer setzten den Kernfähigkeiten des Dialogs insgesamt zehn Eigenschaften entgegen, die den Dialog garantiert verhindern, ihm entgegenwirken oder ihn ausbremsen. Hierzu zählen: „1. Mit Wissen beeindrucken, 2. Den anderen keinesfalls ernst nehmen, 3. Unpersönlich und abstrakt bleiben, 4. Ins Wort fallen und unterbrechen, 5. Sich mit seiner Meinung identifizieren, 6. Den Gegner durch Fragen verunsichern, 7. Seinen Standpunkt unmissverständlich vertreten, 8. Sich abschotten, 9. Schnell sein, 10. Mich selbst nie in Frage stellen" (2005, S. 51, 53).

lichkeiten, wie z.B.: Stifte, Zettel, Getränke, persönliche Gegenstände meiner Kolleg*innen (Kalender, Handys, etc.) festmachen. Die Stimmung innerhalb des Teams und das Verhalten unter- und miteinander war wie ausgewechselt. Viele meiner Kolleg*innen hatten plötzlich etwas in der Hand, machten Notizen, blätterten in Ordnern, griffen nach Kaffeekannen oder fragten beispielsweise nach dem Zucker oder anderen Dingen. Wortbeiträge und der Versuch Ergänzungen hinzuzufügen gingen oft in dem „Gewusel" unter und mussten demnach lauter und mehrfach vorgetragen werden. Es wurde sich wieder gegenseitig ins Wort gefallen. Meinungen wurden lautstark und ohne „Wenn und Aber" verteidigt, der Ton wurde zeitweise wieder rau und verbissener, es wurden Nebengespräche geführt und die Gesamtstimmung wurde wieder gereizter. Dazu machte ich folgende Notiz in meinem Forschungstagebuch:

- „Ich bin fassungslos. Ich weiß nicht was dieser Ortswechsel, der Umzug von der Dialogrunde in das herkömmliche Setting mit uns anstellt. Ich frage mich wie es sein kann, dass das Verhalten derartig umschlägt, obwohl die dialogische Gesprächsform als angenehmer erlebt wird. Ich versuche unterschiedliche Annahmen durchzuspielen:

    o Das Verhalten in den Dialogrunden ist gestellt.

    o Das Verhalten ist echt, aber das Übernehmen grundlegender Kommunikationsformen wie z.B., dass sich gegenseitig Ausreden lassen und das bewusste Zuhören und der Respekt, der Gesprächspartner*innen gegenüber aufgebracht werden sollte, ist mit zu großer persönlicher Anstrengung verbunden, die nicht aufgebracht werden kann oder möchte.

    o Es fehlt die Dialogbegleitung, die auf das Verhalten aufmerksam macht, denn das mache ich im Rahmen der ursprünglichen Dienstbesprechung nicht. Ich habe vorausgesetzt, dass elementare Formen, wie Ausreden, Zuhören, andere Meinungen zulassen übernommen werden bzw., dass es klar sein sollte, dass sie sich nicht nur auf Dialogrunden beziehen.

- o Der Tisch ist die Ablenkungsfalle. Die Handtaschen und die Rucksäcke. Die Ordner, die Tassen, die Kaffeekannen und die Stifte. Kann es daran liegen, dass Ablenkungen willkommen sind? Ehmer (2004) fand in ihrer empirischen Untersuchung, in der sie zwei Unternehmen befragte die den Dialog seit zwei Jahren praktizierten, heraus, dass die Befragten es vorteilhafter erlebten, wenn der Dialog in Räumlichkeiten stattfinden würde, in denen kein Alltagsgeschäft stattfinden würde (vgl. Hartkemeyer/Hartkemeyer nach Ehmer, 2005, S. 227, 229).
    - Die Räumlichkeiten können wir nicht ändern. Wir arbeiten in jedem Raum der Einrichtung. Alles ist dort Alltag.

- o Kann es die Angst vor Veränderung sein? Reiss, Prentice, Schulte-Cloos und Jonas (2019) beschrieben, dass Veränderungen in Organisationen in hohem Maße missglücken. Zwischen 60 und 90% der geplanten Veränderungsprozesse scheitern, obwohl allseits bekannt sei, dass der Wandel notwendig wäre. Obwohl es noch keine konkreten Antworten auf die Ursachen gäbe, scheint klar zu sein, dass jeder Wandel maßgeblich davon abhängig sei, wie hoch die Bereitschaft der beteiligten Mitarbeiter*innen für die Veränderung zu sein scheint (vgl. S. 146). Weiterführende psychologische Studien, die die Auswirkungen von Veränderungsvorhaben in Betrieben untersuchten, haben ergeben, dass jene Veränderungsprozesse bei den Mitarbeiter*innen oftmals mit Emotionen einhergehen, wie z.B. Verunsicherung, Ängstlichkeit oder auch zu emotionalem Rückzug führen können. Das wiederum könnte dazu führen, dass „ diese emotionalen

> Erfahrungen Auswirkungen auf die Motivation von Mitarbeiter*innen haben, einen Veränderungsprozess aktiv zu unterstützen" (ebd., S. 146).
> - Ich frage mich, ob wir die Situation in der wir uns als Wohngruppenteam befinden, nämlich in der Unsicherheit, was perspektivisch aus der Gruppe werden soll, wie sich unser Arbeitsplatz gestalten wird, als derart bedrohlich empfinden, als dass uns das unbewusst für andere Veränderungsprozesse blockiert?! Andererseits war ja festzustellen, dass zumindest die Kommunikationsform im Rahmen der Dialogrunden veränderbar war. Sie wurde „nur" nicht fortlaufend angewandt" (Forschungstagebuch Wilke, 2019, S. 43ff).

All jene Annahmen könnten möglich sein und mehrere Möglichkeiten bedingen sich gegenseitig und sind miteinander verstrickt. Abschließend konnte ich dieses Verhalten nicht beurteilen, ohne mit meinen Kolleg*innen zu sprechen, um meine Wahrnehmungen und Empfindungen durch ihre zu ergänzen. Dazu habe ich im Rahmen der kommunikativen Validierung die Reflexion im Team dialogisch durchgeführt (vgl. Matt-Windel, 2013, S. 57, 67f; Steinke, 2007, S. 184f).

5.1 Reflexion im Team – Kommunikative Validierung

In diesem Kapitel fasse ich die Erfahrungen und Empfindungen meiner Kolleg*innen, die wir gemeinsam in einer Dialogrunde zusammengetragen haben zusammen. Darüber hinaus werde ich meine Beobachtungen, Interpretationen, Empfindungen und Rückschlüsse mit meinen Kolleg*innen kommunikativ validieren und offene Fragen erörtern. Dadurch möchte ich sicherstellen, dass ich zu keinen Fehleinschätzungen gekommen bin oder falsche Rückschlüsse aus Beobachtungen und/oder Äußerungen geschlossen habe.

Die Kommunikative Validierung ist neben der offenen Prozessgestaltung in Form einer ausführlichen Dokumentation ein weiteres Gütekriterium (vgl. Steinke, 2007, S. 184f), an dem ich mich während meiner Forschung orientiert habe. Nachdem die letzte planmäßige Dialogrunde beendet wurde, war Zeit und Raum, die zurückliegenden Wochen gemeinsam im Team[51] zu reflektieren. Ich habe meine Kolleg*innen gebeten, die abgehaltenen Dialogrunden mit Gefühlen zu beschreiben.

Folgende Äußerungen rahmen den Gesamteindruck, den meine Kolleg*innen im Zusammenhang mit den Dialogrunden gemacht und erfahren haben:

- „Wir sind dem Team zugewandter",
- „Ich bin aufmerksamer"
- „Wir nehmen mehr wahr, hören mehr zu.",
- „Ich bin sensibler",
- „Ich beiße mir oft auf die Zunge und frage mich, ob ich das jetzt wirklich sagen muss. Und meist lasse ich es dann",
- „Ich fühle mich hier geschützt und gut aufgehoben",
- „Ich höre bewusster zu",
- „Hier[auf dem Sofa, in der Dialogrunde] ist es wesentlich ruhiger",
- „Ich bin hier nicht abgelenkt" (Forschungstagebuch Wilke, 2019, S. 46).

Mit dem Vermerk auf die Ablenkung, die während der Dialogrunden nicht stattfindet, kam ein Gespräch auf, dass von meinen Kolleg*innen initiiert wurde und ohne mein Lenken eben auf jenes Verhalten aufmerksam machte, was im vorherigen Kapitel beschrieben

---

[51] Eine Kolleg*in hatte am Tag der Reflexionsrunde kurzfristig Urlaub. Die Reflexion fand bilateral und telefonisch statt. Die Ergebnisse, zusammengesetzt aus den Erfahrungen, Gefühlen und dem Erleben der Kolleg*in, die während des Projektes entstanden sind, sind in die Gesamtauswertung mit eingeflossen.

wurde, nämlich die Verhaltensveränderung mit dem Umzug an den Esstisch, nach dem Beenden der Dialogrunde. Es ist allen Kolleg*innen negativ aufgefallen, dass sich das Verhalten dort veränderte. Dennoch passierte es. Wir haben gemeinsam unterschiedliche Annahmen durchgespielt, u.a. die von mir zuvor vermuteten Auslöser. Letztlich kam kein überzeugendes Ergebnis zustande. Klar schien zu sein, dass uns als Team die Unsicherheit bzgl. der Gruppe emotional berührt und sich die Mehrheit vorstellen konnte, dass dies eine generelle Frustration und Unzufriedenheit aufkommen lässt. Ob dies nun bewusst oder unbewusst das Verhalten in den Dienstbesprechungen erklärt, konnte nicht abschließend geklärt werden. Einigkeit herrschte darüber, dass wir den Ablenkungsmöglichkeiten am Esstisch nicht widerstehen können und dies zu großer Unruhe in Dienstbesprechungen führte. Demnach mangelte es an Selbstbeherrschung, welcher im Rahmen der Dialogrunden durch das Minimieren von Ablenkungsmöglichkeiten, der Vorgabe von klaren Dialogregeln und dem Einsatz einer Dialogbegleitung begegnet wurde. Nachdem dies kommunikativ validiert wurde, kam überraschenderweise der Vorschlag auf, dass der Versuch unternommen werden sollte, die gesamte Dienstbesprechung im dialogischen Setting durchzuführen.

- „Leute, das bringt ja alles nix. Scheinbar bekommen wir das da [Esstisch] nicht hin. Also machen wir jetzt die gesamte Dienstbesprechung auf dem Sofa im Dialog. Hier klappt es. Und da drüben bekommen wir es nicht hin. Und ganz ehrlich. Hätte ich so nicht erwartet" (Forschungstagebuch Wilke, 2019, S. 62).

Der Vorschlag kam von einem Teammitglied von dem es niemand erwartet hätte.

Das wurde umgehend aufgegriffen:

- „Das hätte ich ja nicht gedacht, dass ausgerechnet du das sagst. Ich habe immer gedacht du findest das richtig blöde und albern" (ebd., S. 62f).

- „Das hätte ich überhaupt nicht von dir erwartet, aber ich sehe das auch so. Lasst uns das so versuchen" (ebd., S. 63).

Ich war ebenfalls überrascht, denn scheinbar haben wir das Teammitglied alle anders wahrgenommen bzw. beurteilt, denn ich hätte ebenfalls nicht mit dieser Reaktion gerechnet. Da alle damit einverstanden waren, wurde aus der Abschluss-Dialogrunde der Beginn von etwas Neuem. Die restlichen Themen wurden in der Dialogrunde besprochen und somit wurde das erste Mal der Wochenrückblick der Kinder und Jugendlichen in dieser Form thematisiert. Die Themen waren zum einen emotionaler als reine organisatorische Themen und mit Zuständigkeiten und Aufgabenverteilungen verbunden. Dazu benötigten manche Kolleg*innen Schreibmaterialien und Ordner. Mit der Hinzunahme dieser Gegenstände kam automatisch Unruhe auf. Dadurch, dass geschrieben wurde konnte nicht zugehört werden, dies führte dazu, dass die Dialogbegleitung einmal mehr gefordert war und ich mich oft einbringen musste.

Abschließend mit der Reflexion der Dialoggruppe entstand ein neues Setting von Dienstbesprechungen. Diese sollten zukünftig in Dialogrunden stattfinden.

5.2 Der Dialog und die Teamresilienz

Im Zuge meiner Fragestellung, ob der Dialog als Methode zur Steigerung der Teamresilienz eingesetzt werden kann, blickte ich abschließend auf meine Ergebnisse, meine gewonnenen Eindrücke und die Wahrnehmungen meines Teams.

Die veränderten Kommunikationsstrukturen, wie wir sie im Rahmen der Dialogrunde angewandt haben, haben das Stresserleben im Team deutlich verringern können. Allerdings hatte dies nur Bestand, solange keine Ablenkungsmöglichkeiten in Form von Ordnern, Zettel und Stiften, Telefonen oder anderen persönlichen Gegenständen vorhanden waren.

Der Versuch, eine komplette Dienstbesprechung dialogisch durchzuführen, hat bisher einmal stattgefunden, mit dem Ergebnis, dass Weitere mit einer engen Dialogbegleitung und mit der Abschaffung von Ablenkungsmöglichkeiten fortgeführt werden muss, um abschließende Ergebnisse vorzubringen. Es kann festgehalten werden, dass eine resilienzfördernde Kommunikation in Form von Wertschätzung, Respekt und Achtsamkeit im Zusammenhang der durchgeführten Dialogrunden stattgefunden hat und dies als positiv und bereichernd erlebt wurde. Da die Kommunikation in der anschließenden Dienstbesprechung kaum merkliche Veränderung mit sich brachte, ist nicht gewiss, inwieweit dies nachhaltig zur Stärkung der Teamresilienz beitragen konnte.

Wie sich das weitere Gestalten von Dienstbesprechungen in denen durchgehend dialogisch gearbeitet werden soll auf die Teamresilienz auswirkt, müsste anhand eines fortführenden Projekts erforscht werden.

5.3 Selbstreflexion im Dialog

Die dialogische Selbstreflexion hat nicht nur während des gesamten Projektes, sondern vor, während und nach den Dialogrunden stattgefunden. Darüber hinaus wurde ich mir gewahr, dass mich der Dialog mit seinen Kernfähigkeiten und auch die Prozessreflexion in den verschiedensten Phasen auch außerhalb des Arbeitskontextes begleiteten. Hierzu einige Auszüge aus meinem Forschungstagebuch:

- „Er [der Dialog] beschränkt sich bei weitem nicht mehr nur auf die Dienstbesprechungen. Ich nehme mich selber in unterschiedlichen Situationen, im Arbeits-, vor allem auch im Privatleben anders und bewusster wahr. Ich habe mich bewusst hinterfragt um zu erkennen, woher mein Denken und auch mein Handeln kommt und woher meine Ansichten kommen. Gerade im Kontakt mit Kolleg*innen, mit den Kindern und deren Eltern habe ich versucht, meinen Gedanken auf den Grund zu gehen. In manchen Situationen erkenne ich, dass meine Handlungen und Einschätzungen aus Verallgemeinerungen entstanden sind. Gerade deswegen bemühte ich mich, meine Denkprozesse und daraus entstandene Handlungen zu hinterfragen um sie zu ergründen, wohlwissend, dass es mit Anstrengungen verbunden sein wird, die Bewertungsabläufe bewusst zu verändern" (Forschungstagebuch Wilke, 2019, S. 47).

- „Während des Projekts habe ich mich manchmal vor dem Dialog verstecken wollen, weil ich mich in Situationen wahrgenommen habe, in denen ich so überhaupt nicht dialogisch war" (ebd., S. 49).

- „Interessanterweise haben mich meine Kolleg*innen in Gesprächen oder anderen Settings, außerhalb der Dialogrunden darauf aufmerksam gemacht, wenn ich z.B. jemanden nicht habe aussprechen lassen, oder meine Stimme in sehr emotionalen Momenten lauter wurde oder ich verschlossen wirkte. Ich erlebte meine Kolleg*innen mir gegenüber, in meiner dialogischen Vorbildfunktion, weitaus kritischer als im Umgang mit sich selbst, oder mit den anderen Kolleg*innen. Diese wurden kaum bis gar nicht auf ihr Verhalten aufmerksam gemacht. Zunächst empfand ich dies als eine Art des Vorführens – möchte meinen Kolleg*innen diese Absicht aber nicht unterstellen. Ich interpretiere es für mich als einen weiteren Hinweis darauf, dass die Glaubwürdigkeit von Dialogbegleiter*innen immer auch von ihrer Vorbildfunktion abhängig ist. Ich habe mich in den Momenten entschuldigt und noch einmal auf unsere menschliche Seite hingewiesen, die innehat, dass Fehler passieren können und freute mich, dass meine Kolleg*innen z.T. verinnerlicht hatten, was Teile eines Dialog ausmachten" (ebd., S. 53).

- „Ich bin um ein vieles bewusster und bedachter, es fällt mir an mir selbst viel mehr auf, was ich vor dem Projekt nicht erfahren hätte" (ebd., S. 61).

- „Ich kann die Anstrengung von meinen Kolleg*innen so gut nachvollziehen, wenn sie sagen, der Dialog ist anstrengend. JA das ist er. Aber er ist auch so viel mehr. Es fühlt sich gut an bedachter und bewusster zu sein. Anfangs habe ich nicht viel damit anfangen können. Mit diesen Bewusstwerdungsprozessen. Ich höre oft den Satz meiner Professorin Frau Muth klingen: und das ist der Schmerz. Der Schmerz die Anderheit auszuhalten. Anderheit kann die Anderheit der anderen Personen sein. Für mich war es auch, die Anderheit meiner Rollen auszuhalten und diese zu leben. Die Anderheit bewusst zu denken und nicht alles hinzunehmen. Das war mit Anstrengung verbunden" (ebd., S. 64).

Ich habe mich im gesamten Prozess und darüber hinaus zunehmend bewusster reflektiert und meine Ansichten und Denkstrukturen in alltäglichen Situationen anhand der Leiter der Schlussfolgerungen hinterfragen müssen. Dass der Dialog also nicht nur im Arbeitskontext, sondern auch im Alltag derart präsent war, erstaunte mich. Dies verdeutlicht aber, dass es dabei um eine Haltung geht, die erlernt werden kann und nicht nur um ein Instrument das partiell angewandt wird. Eine Kolleg*in sagte zu mir:

- „Du, das mit dem bewusst Zuhören, also das Zuhören genießen, das nehme ich überall mit hin. Mich entspannt das total und ich bin mehr bei den wichtigen Dingen, das beruhigt mich. Ich muss nicht immer was sagen. Ich genieße einfach das Zuhören" (Forschungstagebuch Wilke, 2019, S. 47).

6. Fazit

Im Rahmen meines Projekts habe ich versucht, durch die Intervention des Dialogs die bestehende Praxis in dem Wohngruppenteam, in dem ich arbeite zum Positiven zu verändern. Im Rahmen meiner Forschung habe ich feststellen müssen, dass Veränderungen – egal in welcher Form – oftmals sehr langsam passieren. Es wurde mir bewusst, dass Gewohnheiten tief im Denken und Handeln einer Person verankert sind und es daher nicht leicht ist, sich an neue Verhaltenspraxen zu gewöhnen und gerne an Alten festgehalten wird. Ich bin mir bewusst geworden, dass mir diese ebenso schwer fällt. Auch ich halte, wie jeder andere Mensch, an Gewohntem fest. Das ist eine große Erkenntnis, die ich aus der Arbeit ziehe. Hinzu kommt, dass ich die Notwendigkeit erkannt habe, meine Denkprozesse reflexiv zu betrachten. Betrachte ich das auf der Teamebene, ist die Zeit, die für das Projekt bemessen war, um den Dialog mit all seinen Qualitäten zu erkennen, Haltungen zu verinnerlichen und anzuwenden, sehr kurz gefasst gewesen. Generell zeichnete sich allerdings ab, dass die Bereitschaft und auch der Wille, sich dem Dialog und damit auch dem Gegenüber hinzuwenden, absolut gegeben waren und dass dadurch das Stressempfinden *innerhalb* der Dialogrunden, wie sie in den Besprechungen durchgeführt wurden, verringert wurde.

Die dazu angewandte Methode der Praxisentwicklungsforschung hat sich meines Erachtens auf besondere Weise bewährt, da mir dieser Ansatz des Forschens ermöglicht hat, gemeinsam mit meinen Kolleg*innen ein aktiver Teil des Prozesses zu sein. In anderen Formen der Sozialforschung habe ich mich bisher unwohl gefühlt, da dies immer mit einen „Beforschen" von Menschen einhergeht und für mich mit einem Gefühl von Scham besetzt ist, da ich dafür ausschließlich und nicht nur partiell in dem Grundwort ICH – ES agieren würde. Als ein wesentliches Element der Praxisentwicklungsforschung bewege ich mich in einer ICH – DU Haltung, wodurch auch Empfindungen und Gefühle als eigenständige Ergebnisse zu bewerten sind. Gerade im Bereich der Sozialen Arbeit, welche u.a. durch Menschlichkeit, Achtung, Respekt und auch Empfindungen geprägt sein sollte, hat dieses Verfahren meines Erachtens einen großen Mehrwert und hat uns als Team im Arbeitskontext und mich als Forscherin, Kollegin und in meinem Menschsein unterstützt und weiterentwickelt.

7. Literatur- und Quellenverzeichnis

Bohm, D., (2008), Der Dialog. Das offene Gespräch am Ende der Diskussionen, 5. Auflage. Hrsg. Lee Nichol, Klett-Cotta Verlag. Stuttgart

Buber, M., (2009), Das Dialogische Prinzip. 11. Auflage, Gütersloher Verlagshaus

Buber, M., (2006), Das Dialogische Prinzip. 10. Auflage, Gütersloher Verlagshaus

Buber, M. (1996), Buber für Atheisten. In: Reichert, T. (Hrsg.), Lambert Schneider Verlag, Heidelberg

Buhl-Böhnert, T., (2008), Führen im Dialog mit sich und anderen, Hrsg.: Prof. Dr.-Ing. Ulrich Brill, Expert – Verlag. Essen

Dickopf, C./Pies, S. (2004), Zwischen Erkenntnisgewinn und Praxisentwicklung. Merkmale und Spannungsfelder sozialpädagogischer Forschungsprojekte. In: Schrapper, Christian (Hrsg.): Sozialpädagogische Forschungspraxis. Positionen, Projekte, Perspektiven. Weinheim

Ducki, A. (2017), „Nervöse Systeme" – Leben in Zeiten der Krise: Ein Überblick. In: Badura B., Ducki A., Schröder H., Klose J., Meyer M. (eds) Fehlzeiten-Report 2017. Fehlzeiten-Report, vol 2017. Springer, Berlin, Heidelberg

Ehresmann, C., (2017), Burnout als Zeichen einer Organisationskrise. In: Badura B., Ducki A., Schröder H., Klose J., Meyer M. (eds) Fehlzeiten-Report 2017. Fehlzeiten-Report, vol 2017. Springer, Berlin, Heidelberg

Findeis-Dorn, C., (2004), Gruppe. Interaktion. Organisation. Zeitschrift für Angewandte Organisationspsychologie, 35. Jahrg., Heft 1, Springer VS Verlag für Sozialwissenschaften. Wiesbaden

Fuchs-Rechlin K., Rauschenbach ,T., (2018), Das Personal in der Kinder- und Jugendhilfe. In: Böllert K. (eds) Kompendium Kinder- und Jugendhilfe. Springer VS Verlag für Sozialwissenschaften. Wiesbaden

Fuhr, R., Dauber, H., (2002), Praxisentwicklung im Bildungsbereich – ein integraler Forschungsansatz, Klinkhardt Verlag. Bad Heilbrunn

Fuhr, R., (2002), Praxisentwicklungsforschung. In: Praxisentwicklung im Bildungsbereich – ein integraler Forschungsansatz, Klinkhardt Verlag. Bad Heilbrunn

Gleich, M., Hrsg. (2014), Der Kongress tanzt. Begeisterte Veranstaltungen, Tagungen, Konferenzen. Ein Plädoyer und Praxisbuch, Springer Fachmedien. Wiesbaden

Hartkemeyer, J.F., Hartkemeyer, M., Dhority, L.F., (2010), fünfte Auflage. Miteinander Denken. Das Geheimnis des Dialogs. Klett-Cotta Verlag. Stuttgart

Hartkemeyer, J. F., Hartkemeyer, M., (2005), Die Kunst des Dialogs. Kreative Kommunikation entdecken. Erfahrungen, Anregungen, Übungen. Klett-Cotta Verlag. Stuttgart

Hänsel, M. (2017), Wege aus der Krise: Gesund führen auf der Basis werteorientierter Unternehmensführung. In: Badura B., Ducki A., Schröder H., Klose J., Meyer M. (eds) Fehlzeiten-Report 2017. Fehlzeiten-Report, vol 2017. Springer, Berlin, Heidelberg

Heiner, M. (Hrsg.), (1988), Praxisforschung in der sozialen Arbeit. Freiburg i. Br.

Henninger, M., (2016), Resilienz. In: Frey D. (eds) Psychologie der Werte. Springer. Berlin, Heidelberg

Hurtienne, J., Koch, K. (2018), Resilienz. In: Karidi M., Schneider M., Gutwald R. (eds) Resilienz. Springer. Wiesbaden

Hopf, C., (2016), Forschungsethik und qualitative Forschung. In: Schriften zu Methodologie und Methoden qualitativer Sozialforschung. Springer VS Verlag für Sozialwissenschaften. Wiesbaden

Isaac, W., (2002), Dialog als Kunst gemeinsam zu denken. Die neue Kommunikationskultur in Organisationen. EHP – Organisation. Bergisch Gladbach

Matt-Windel, S. (2010) Gütekriterien in dialog-phänomenologischer Forschung. In: Vertrauen gegen Aggression. Das Dialogische Prinzip als Mittel der Gewaltprävention. Muth, C., Nauerth, A. (Hrsg.), Wochenschau Verlag. Schwalbach/TS

Moser, H., (1995), Grundlagen der Praxisforschung. Lambertus Verlag. Freiburg i. B.

Moisl, D., (2009), Methodenanwendung in der Praxisforschung: Besonderheiten und Entwicklungsbedarf. In: Maykus S. (eds) Praxisforschung in der Kinder- und Jugendhilfe. VS Verlag für Sozialwissenschaften. Wiesbaden

Munsch, C., (2012), Praxisforschung in der Sozialen Arbeit. In: Thole W. (eds) Grundriss Soziale Arbeit. VS Verlag für Sozialwissenschaften. Wiesbaden

Muth, C., (2013), Interkulturelles Lernen und Forschen in transkulturellen Dialoggruppen. In: Spetsmann-Kunkel, M., Frieters-Reermann, N. (Hrsg.): Soziale Arbeit in der Migrationsgesellschaft, Barbara Budrich Verlag. Leverkusen

Müller, H., (2010), Praxisforschung zwischen Erkenntnisgewinn und praktischer Nützlichkeit: Transfer und Transformation als integrale Bestandteile einer „widersprüchlichen Einheit". In: Maykus S. (eds) Praxisforschung in der Kinder- und Jugendhilfe. VS Verlag für Sozialwissenschaften. Wiesbaden

Nüsken, D., (2010), Spannungsfelder der Praxisforschung. In: Maykus S. (eds) Praxisforschung in der Kinder- und Jugendhilfe. VS Verlag für Sozialwissenschaften

Reiss, S., Prentice, L., Schulte-Cloos, C. et al. Organisationaler Wandel als Bedrohung – von impliziter Angst zur Annäherung durch prozedurale Gerechtigkeit. Gr Interakt Org 50, 145–161 (2019) https://doi.org/10.1007/s11612-019-00469-x

Riedelsheimer, A. (2010), Clearingverfahren bei Unbegleiteten Minderjährigen. In: Dieckhoff P. (eds) Kinderflüchtlinge. VS Verlag für Sozialwissenschaften. Wiesbaden

Rolfe, M., (2019), Resiliente Teams: Flexibel, konfliktfähig und tolerant in der Zusammenarbeit. In: Positive Psychologie und organisationale Resilienz. Positive Psychologie kompakt. Springer. Berlin, Heidelberg

Plate, M., (2015), Grundlagen der Kommunikation. Gespräche effektiv gestalten. 2., durchgesehene Auflage, Vandenhoeck & Ruprecht. Göttingen

Schmolke, R., Stengel, E., (2017), Beteiligungsstrukturen und Beschwerdeverfahren in Einrichtungen der Heimerziehung: Erkenntnisse aus Perspektive von jungen Menschen, Eltern und Fachkräften. In: Equit, C./Flößer, G./Witzel, M. (Hg.), Beteiligung und Beschwerde in der Heimerziehung. Grundlagen, Anforderungen und Perspektiven, IgfH-Eigenverlag. Frankfurt am Main

Schopp, J., (2016), Eltern stärken. Die Dialogische Haltung in Seminaren und Beratung. Ein Leitfaden für die Praxis. 5., völlig überarbeitete Auflage. Opladen Et Farmington Hills: Barbara Budrich Verlag. Leverkusen

Schopp, J., (2010), Eltern stärken. Die Dialogische Haltung in Seminaren und Beratung. Ein Leitfaden für die Praxis. 3., völlig überarbeitete Auflage. Opladen Et Farmington Hills: Barbara Budrich Verlag. Leverkusen

Schulte, EM., Kauffeld S. (2017), Krisen in Teams: Teamresilienz als Präventions- und Bewältigungsstrategie. In: Badura B., Ducki A., Schröder H., Klose J., Meyer M. (eds) Fehlzeiten-Report 2017. Fehlzeiten-Report, vol 2017. Springer. Berlin, Heidelberg

Sow, N., (2009). Deutschland Schwarz Weiss - Der alltägliche Rassismus. Goldmann, München

Steinke, I., (2007) Qualitätssicherung in der qualitativen Forschung. In: Kuckartz U., Grunenberg H., Dresing T. (eds) Qualitative Datenanalyse: computergestützt. VS Verlag für Sozialwissenschaften

Steinmez, A., (2016), Nonverbale Interaktion mit demenzkranken und palliativen Patienten. Kommunikation ohne Worte — KoW, Springer Fachmedien. Wiesbaden

Soucek, R., Ziegler, M., Schlett, C. et al. Gr Interakt Org (2016), 47: 131. https://doi.org/10.1007/s11612-016-0314-x

Thole, W. (1999), Die Sozialpädagogik und ihre Forschung. In: neue Praxis. Neuwied 3/1999 von Unger H. (2014), Partizipative Ansätze. In; Partizipative Forschung. Springer VS Verlag für Sozialwissenschaften. Wiesbaden

Weiß M., Hartmann S., Högl M., (2018), Resilienz als Trendkonzept. In: Karidi M., Schneider M., Gutwald R. (eds) Resilienz. Springer, Wiesbaden

Widulle, W. (2012), Einleitung. In: Gesprächsführung in der Sozialen Arbeit. VS Verlag für Sozialwissenschaften. Wiesbaden

Internetquellen

Deutsches Resilienz Zentrum, (2019)
   https://www.drz-mainz.de Zugriffsdatum: 4.12.2019, 15:14 Uhr

Henn, S., Lochner, B. Sozial Extra (2017), 41: 6.
   https://doi.org/10.1007/s12054-017-0094-8
   Zugriffsdatum: 22.12.2019, 8:12 Ushr

DIALOGISCHES LERNEN

Herausgegeben von Cornelia Muth
ISSN 1614-4643

1. *Cornelia Muth*
   Willst Du mit mir gehen, Licht und Schatten verstehen?
   Eine Studie zu Martin Bubers Ich und Du
   Zweite erweiterte und verbesserte Auflage
   ISBN 3-89821-537-7

2. *Susanna Matt-Windel*
   Werden am Du – Dialogik in der Eltern-Kleinkind-Beratung
   Ein philosophisch-pädagogisches Handlungskonzept nach der Dialogphilosophie Martin Bubers am Beispiel der interaktionellen Eltern-Kleinkind-Beratung
   ISBN 3-89821-374-9

3. *Sabine Peter*
   Schritte auf dem Weg zum Miteinander in der multikulturellen Gesellschaft
   Interkulturelle Gärten
   Eine psychologisch-dialogphilosophische Perspektive
   ISBN 3-89821-464-8

4. *Andrea Förster*
   Tiere als Therapie – Mythos oder Wahrheit
   Zur Phänomenologie einer heilenden Beziehung mit dem Schwerpunkt Mensch und Pferd
   ISBN 3-89821-421-4

5. *Koffi Abah Edem, Jan Großwinkelmann, Yvonne Kahlert, Susanna Matt-Windel, Cornelia Muth, Sabine Peter*
   Im Vertrauen und in Verantwortung – 10 Jahre dialogische Pädagogik
   ISBN 3-89821-577-6

6. *Stephan J. Harms*
   Menschenbilder und Typologie
   Kategorien neurotischer Motivationsstrukturen als Orientierungshilfe in der sozialen Arbeit Chancen und Risiken
   ISBN 3-89821-703-5

7. *Susanne Mariyam Hüser-Granzow*
   Kunst statt Strafe
   Eine dialogische Betrachtung der ästhetischen Arbeit in der Sozialen Arbeit am Beispiel einer Bildhauerwerkstatt für straffällig gewordene Jugendliche
   ISBN 978-3-89821-747-7

8. *Thomas Schwenk*
   Sport und Bewegungserziehung in der Suchtarbeit
   Sozialpädagogische und dialogisch-philosophische Aspekte in der Suchtprävention und Behandlung von Kindern und Jugendlichen
   ISBN 978-3-89821-785-9

9. *Cornelia Muth*
   Hilfe, ich bin mobil und heimatlos!
   Zur Hauslosigkeit postmoderner Menschen
   Mit einem Beitrag von Jan Großewinkelmann und Zeichnungen von Miriam Helfer
   ISBN 978-3-89821-880-1

10. *Tanja Dräger*
    Gender Mainstreaming im Kindergarten
    ISBN 978-3-89821-869-6

11. *Dörthe Sontag*
    Die modernen Kommunikationsmittel und das Dialogische Prinzip
    Bedrohung und Chance für unser Menschsein?
    Eine dialogphilosophische Reflexion unserer zwischenmenschlichen Beziehungen im Zeitalter der Mediatisierung
    ISBN 978-3-89821-893-1

12. *Isabel Diener*
    Lehren und Lernen in offenen Arbeitsformen
    Eine Diskussion über die Verwendung von offenen Arbeitsformen im Unterricht am Beispiel einer Pädagogik der Menschenrechte
    ISBN 978-3-89821-976-1

13 Cornelia Muth (Hrsg.)
„dann kann man das ja auch mal so lösen!"
Auswertungsinterviews mit Kindern und Jugendlichen nach Trainings zur Gewaltfreien Kommunikation
ISBN 978-3-8382-0120-7

14 Cornelia Muth
Der Mensch zwischen Gut und Böse
Mit Texten von Martin Buber über das Böse nachsinnen
ISBN 978-3-8382-0340-9

15 Cornelia Muth
Von der interkulturellen Erfahrung zur transkulturellen Begegnung – und zurück
ISBN 978-3-8382-0350-8

16 Cornelia Muth (Hrsg.)
Ein Wegweiser zur dialogischen Haltung
Dialogische Praxisforschung in Arbeitsfeldern von Sozialer Arbeit und Pädagogik der Kindheit
ISBN 978-3-8382-0520-5

17 Stefan Bockshecker, Dejan Kibbert
Profession und Haltung in der Sozialen Arbeit
ISBN 978-3-8382-0789-6

18 Nicole Pankoke, Silvia Röben
Grenz-Räume dialogischer Bildung
Zwei Denkbewegungen
ISBN 978-3-8382-0798-8

19 Nojin Malla Mirza
Dialogische Ansätze in der Arbeitslosenberatung
Eine empirische Studie zu Grenzen und Perspektiven
ISBN 978-3-8382-1437-5

20 Silvia Röben
Bildung – Bewertung – Beziehung – Bewusstsein?
Bildung im Spannungsfeld von Ökonomie und pädagogischer Beziehung
ISBN 978-3-8382-1470-2

21 Cornelia Muth (Hg.)
Was bleibt?
Resilienz der Dialogphilosophie
ISBN 978-3-8382-1578-5

22 Isabell Harstick und Katharina Wilke
Dialogische Prozesse in der Sozialen Arbeit
Zwei praxisorientierte Ausrichtungen
ISBN 978-3-8382-1471-9

ibidem.*eu*